JOSÉPHINE WIBAUT

FONDATRICE

DE LA CONGRÉGATION DES SŒURS DE NOTRE-DAME DE LA TREILLE

SA VIE, SES ŒUVRES

PREMIÈRES ANNÉES DE L'INSTITUT

PAR

M. L'ABBÉ DENYS

SUPÉRIEUR HONORAIRE, AUMONIER

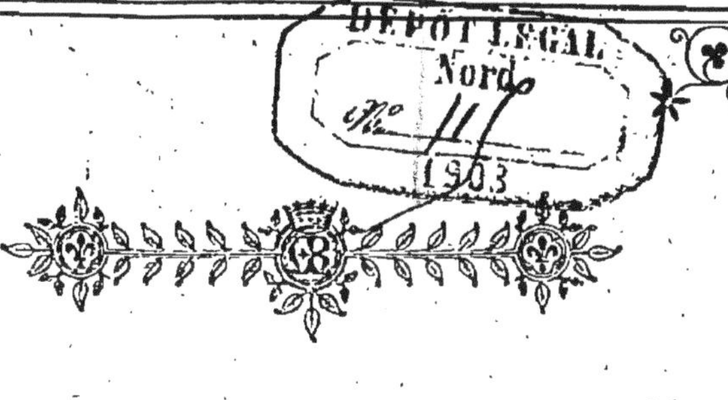

Société Saint-Augustin

DESCLÉE, DE BROUWER ET Cie

41, Rue du Metz, LILLE

JOSÉPHINE WIBAUT

JOSÉPHINE WIBAUT

FONDATRICE

DE LA CONGRÉGATION DES SŒURS DE NOTRE-DAME DE LA TREILLE

SA VIE, SES ŒUVRES

PREMIÈRES ANNÉES DE L'INSTITUT

— PAR —

M. L'ABBÉ DENYS

SUPÉRIEUR HONORAIRE, AUMONIER

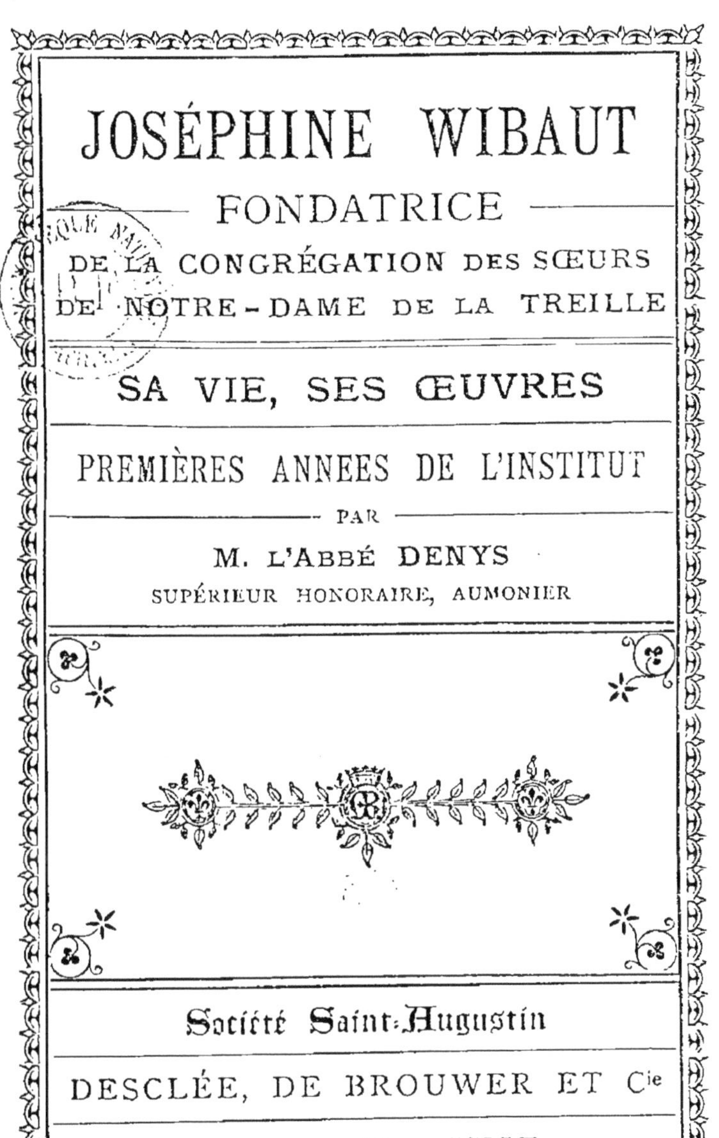

Société Saint-Augustin

DESCLÉE, DE BROUWER ET Cie

41, Rue du Metz, LILLE

Cambrai, le 28 janvier 1903.

Monsieur le Supérieur,

Je salue avec la plus vive satisfaction la VIE DE JOSÉPHINE WIBAUT. *Le compte-rendu de votre travail par M. le Chanoine Delassus* [1] *en fait valoir le mérite et l'opportunité. Vous ne pouviez choisir un juge plus éclairé et plus compétent. Le talent professionnel de M. le Directeur de la* Semaine Religieuse, *et la particulière connaissance que M. le Chapelain de la Basilique a de la pieuse Congrégation de la Treille* [2], *me rendent impatient de voir bientôt paraître le volume. Il glorifiera la vénérée Mère Fondatrice, il édifiera ses filles, il mettra davantage en lumière l'une des pieuses Congrégations que le Diocèse a vues surgir sur son sol fécond, pendant le siècle qui vient de s'achever. Que le Sacré-Cœur garde et protège cette chère Congrégation pendant tout le cours du siècle qui commence !*

Veuillez agréer, Monsieur le Supérieur et cher Aumônier, l'assurance de mes sentiments dévoués.

J.-B. CARLIER,
v.-g.

---

1. *Compte-rendu adressé à l'Archevêché de Cambrai en date du 26 janvier 1903.*

2. *Lillois par le domicile et depuis longtemps, contemporain de la plupart des faits qui sont racontés dans ce livre, M. le Chanoine Delassus était tout désigné pour contrôler l'exactitude du récit. Il a bien voulu, dans son compte-rendu, faire l'éloge de l'ouvrage à différents points de vue, qu'il en soit remercié.*

(Note de l'auteur.)

CHAPITRE PREMIER

Naissance de Mlle Joséphine Wibaut.
— Sa famille. — Son enfance. — Première Communion. — Années d'apprentissage. — Chœur de chant à
l'église Sainte-Catherine. — Mort de
M. Wibaut. — Mlle Joséphine Wibaut
chez Mlle Legrand. — Œuvre des
Savoyards. — Vocation religieuse.

ADEMOISELLE JOSÉPHINE WIBAUT
naquit à Lille, sur la paroisse de
La Madeleine, le 19 mars de
l'année 1808, de M. Joseph Wibaut et de
Marie Hocedez, son épouse.

Ses parents, suivant la tradition des
familles les plus chrétiennes, la firent bap-
tiser le lendemain de sa naissance ; elle eut
pour parrain son frère Joseph et pour mar-
raine sa sœur Julie.

Le père Wibaut jouissait d'une honnête
aisance ; il exploitait comme associé une
brasserie prospère ; à cette industrie, il
ajouta un petit débit de boissons où la clien-
tèle n'était pas admise à s'attabler ; on n'y

prenait une consommation qu'en passant.

Dès que Joséphine fut en âge de fréquenter une école primaire, M. Wibaut la confia à des institutrices laïques, qui méritaient toute sa confiance.

A cette époque, la France était loin d'être remise des épreuves qu'elle avait traversées sous la tourmente révolutionnaire et sous le régime du premier Empire. La ville, déjà importante, de Lille n'avait pas encore, au commencement du règne de Louis XVIII, un seul établissement d'enseignement libre dirigé par des religieuses.

Joséphine Wibaut attira sur elle l'attention et la bienveillance de ses maîtresses par son application à tout travail manuel, par son ardeur à l'étude, par la précocité de son intelligence, mais surtout par l'excellence de son caractère et de sa conduite ; elle se distingua entre toutes ses compagnes, d'une façon très-spéciale, pendant les cours d'instruction religieuse, préparatoires à la première Communion, auxquels elle fut admise de bonne heure.

Pendant cette période de sa vie, dont elle conserva toujours le souvenir avec une reconnaissance très vive pour les soins qui lui furent prodigués, elle s'appliqua à ajouter sans cesse quelque chose à sa ferveur, afin de se rendre digne, autant que possible, de recevoir au plus tôt son Dieu, que son cœur d'enfant aimait par-dessus tout.

Enfin le grand jour de la première Communion arriva en la fête de saint Joseph, le 19 mars 1819, anniversaire de la naissance de Joséphine, à onze ans d'intervalle.

La figure de la petite fille rayonna de bonheur quand elle reçut la sainte Eucharistie. Son front et ses yeux semblèrent transformés en miroirs qui réfléchissaient la pureté de son âme.

La fête fut grande, toute la journée, au sein de la famille ; le père Wibaut surtout ne pouvait détacher son regard de sa Rougette (c'était le petit nom qu'il se plaisait à donner à Joséphine), et le jour de la première Communion développa chez lui cette affection admirative que, depuis longtemps,

il avait vouée à sa fille et qu'elle avait for-
tifiée à son insu.

Elle portait, en effet, un esprit ingénu et
très-fin, qui se révélait souvent par des
saillies où tout était si naturel, qu'évidemment elle n'obéissait, en s'y livrant, qu'à la
spontanéité d'une riche nature; les préoccupations d'amour-propre n'y avaient aucune
part.

A cause de toutes ces qualités aimables,
M. Wibaut recherchait la société de son
enfant, se plaisait à lui parler, à entendre
ses réponses lorsqu'elle était interrogée ou
innocemment provoquée ; et, quand le soir
tombait, la meilleure récréation du père,
après le travail, était de passer quelques
heures dans la compagnie de sa famille, de
Joséphine surtout, qui trouvait facilement,
en beaucoup de choses, le mot juste, approprié, spirituel.

Peu de temps après la première Communion, Joséphine quitta l'école pour apprendre la couture dans l'atelier de ses deux
sœurs qui, notablement plus âgées et déjà

bien au courant du métier, réunissaient toutes les qualités pour lui être très utiles, pour l'initier aux secrets de leur art et lui rendre par là d'inappréciables services.

Par suite, l'apprentissage eut lieu dans les meilleures conditions au point de vue technique, et, de plus, il offrit des garanties exceptionnellement favorables pour la vertu.

DIEU, qui avait choisi Joséphine pour une mission difficile et délicate, lui ménageait providentiellement beaucoup de choses heureuses et il la formait de longue main.

Un jour, elle apprit que, dans la paroisse Sainte-Catherine, où sa famille était venue habiter, un chœur de chant s'organisait pour rehausser l'éclat des solennités religieuses. M. le Doyen Wicart avait chargé de ce soin un vicaire très zélé, qui s'était entendu à cet effet avec Mlle Charlotte de Basserode, musicienne de mérite très distingué et d'un dévouement qui ne marchandait pas.

Joséphine eut comme un pressentiment

qu'il lui serait donné d'être choisie par Melle de Basserode ; elle aurait été si contente de consacrer son temps et sa bonne volonté à tout ce qui relève la splendeur du culte !

Le pressentiment était né de la violence de son désir, mais il ne tarda pas à se réaliser ; Mlle de Basserode remarqua la pureté de voix de Joséphine et lui proposa en effet de s'enrôler parmi les chanteuses.

Le consentement était acquis d'avance ; aussi fut-il accordé sans difficulté et sans hésitation.

Bientôt, Melle de Basserode s'aperçut qu'elle s'était assuré le concours d'une jeune artiste, inconsciente de son talent ; elle variait et nuançait son chant avec une souplesse admirable et une justesse qui ne laissait rien à désirer. La voix conservait, jusque dans les notes les plus élevées, quelque chose de moelleux qui étonnait et qui charmait en même temps. Il ne manquait qu'un peu d'instruction musicale, et à cela, il était facile de remédier ; Melle de Basserode s'en chargea ; en retour, Joséphine accepta d'exécuter les solos.

Que dire du père Wibaut quand il entendait les roulades de sa fille, se prolongeant sous les arceaux du vieux temple ? Hélas ! la mère qui présidait au débit de boissons n'avait pas souvent le loisir d'accompagner son époux aux offices paroissiaux et, quand la Rougette retournait de l'église, sa tâche n'était pas terminée ; car le père ne voulait pas que les membres empêchés de la famille n'eussent pas leur part des beaux chants et des magnifiques cantiques, et elle devait les répéter sous le toit paternel, dans l'intimité du foyer domestique.

Le bonheur des époux Wibaut était trop complet pour qu'il persévérât longtemps sans nuage ; une épreuve terrible survint, M. Wibaut mourut subitement en 1829.

Ce fut un coup de foudre ; à partir de cette date, la dislocation de la famille, qui était restée en communauté jusqu'alors, s'opéra graduellement ; les cinq frères de Joséphine se marièrent ; une sœur du nom de Thérèse accepta l'emploi de lingère chez les Dames Bernardines d'Esquermes ; l'aî-née épousa M. Liage, organiste et institu-teur à Loos-lez-Lille ; Mme Wibaut céda son établissement et se retira chez sa fille devenue Mme Liage.

Personne n'avait rien vu jusque-là dans le plan de la Providence ; les événements le rendirent plus tard transparent ; le bon DIEU voulait ménager à Joséphine la liberté de sa personne et de son temps, cette liberté dont elle aurait un si grand besoin et que les soucis de la famille auraient contrariée.

Par l'âge, elle était la dernière des huit enfants que la Providence avait accordés aux époux Wibaut ; néanmoins, elle était parfaitement en état de se tirer d'affaire au milieu des difficultés de la vie, tant par les connaissances acquises au point de vue de la couture, que par le sérieux d'un carac-tère qui ne se compromettait en rien et jamais.

DIEU mit sur son chemin une demoiselle

Legrand, riche et pieuse, qui avait organisé dans sa propre demeure une réunion de jeunes personnes.

Joséphine se concerta avec Melle Legrand, en 1830, à l'effet de rester ensemble et de s'occuper, ensemble aussi, d'œuvres diverses de charité : visite des malades, visite des pauvres à domicile, préparation des enfants à la première Communion, réunions dominicales, etc., etc.

Cependant Joséphine, avec le consentement de son amie, se réserva une mission spéciale.

La vieille cité de Lille avait alors beaucoup de constructions anciennes aux larges foyers, aux cheminées monumentales, et il était d'usage, même de règle au point de vue des exigences de la police, que toutes ces cheminées fussent nettoyées au moins une fois par année.

Les habitants de la ville et du pays circonvoisin laissaient ce genre de travail aux enfants de la Savoie qui arrivaient périodiquement, souvent par groupes ; ils étaient attirés par l'appât d'un gain, à leurs yeux rémunérateur et abondant.

Parfois ces Savoyards n'étaient pas seuls, la traditionnelle marmotte les accompagnait. Tous ces noirs, comme on les appelait à Lille, donnaient sans doute un peu de pain à leur corps et un peu d'argent à leurs bourses, mais ils compromettaient facilement, le long des rues des grandes villes, les intérêts de leurs âmes et oubliaient pratiquement, sinon théoriquement, les recommandations de bonne conduite, reçues au départ de la Savoie, des lèvres de leurs parents pauvres mais généralement honnêtes.

Presque tous portaient une nature franche, naturellement chrétienne ; seulement la plupart se rangeaient parmi ceux dont il est permis de dire sans témérité : « Pierre qui roule n'amasse point mousse. »

Leur foi était presque toujours intacte, mais leurs mœurs ne l'étaient pas.

Joséphine Wibaut s'intéressa à ces Savoyards, grands et petits, à ceux surtout qui, n'ayant pas encore accompli l'acte important de la première Communion, consentaient plus facilement, dans l'espoir d'y être admis, à suivre des cours d'instruction religieuse. De peur que quelqu'un de ces pauvres enfants ne fît défaut et ne parvînt à se soustraire à son zèle, elle parcourait, à certains jours, les quartiers de Lille où les noirs habitaient de préférence et elle rassemblait tout son jeune monde.

C'était spectacle pittoresque pour tous les témoins ou passants, étrange pour les uns, admirable pour les autres plus familiarisés avec le dévouement inspiré par la religion, que la vue de Joséphine revenant de ses courses, entourée de ces Savoyards aussi noirs que les cheminées qu'ils avaient ramonées. Ils se serraient (quelquefois la marmotte aux bras) autour de leur catéchiste volontaire, et se rendaient avec elle chez Melle Legrand, où les prières et le catéchisme leur étaient enseignés.

Il n'aurait pas fallu qu'un mauvais plaisant prît à partie, le long d'une rue,

Melle Wibaut, soit pour la critiquer, soit pour l'insulter. Les fils de la Savoie étaient pauvres d'argent, mais pas de cœur ; ces gens-là sont tout d'une pièce dans leur reconnaissance comme dans tout le reste, et ils auraient exécuté par un genre d'arguments à leur façon, avec un ensemble parfait, l'indélicat qui se serait permis une insulte ou une grossière désapprobation.

Au milieu de toutes ces occupations, Joséphine ne perdait pas de vue un désir qui la préoccupait depuis longtemps ; elle aurait voulu se consacrer à Dieu d'une manière plus étroite et entrer en religion. Sa vocation paraissait certaine, mais de quel côté fallait-il l'orienter ? Frapperait-elle à la porte du Carmel qui lui plaisait par sa sévère discipline et par ses austérités ?

S'immoler et faire pénitence pour les pécheurs, obtenir de Dieu en leur faveur des grâces de salut par des sacrifices volontaires et généreux, tout cela lui souriait ; un instant, elle pencha de ce côté, et, d'après les confidences qu'elle fit plus tard à une amie, quand cette amie fut devenue sa compagne et sa consœur en religion sous le nom de Marie, nous savons qu'elle s'ouvrit de son dessein à son directeur, M. l'abbé Wicart, alors doyen de la paroisse Sainte-Catherine [1].

Le pieux et prudent curé suspendit d'abord sa décision et, après mûre réflexion, déclara à sa pénitente que la volonté de DIEU sur elle n'inclinait pas dans le sens des austères mortifications, derrière le grillage d'un monastère, et, comme s'il avait eu un pressentiment qu'elle serait destinée à quelque chose de plus important qu'une vie d'isolement et de secrètes prières, il lui défendit de revenir sur ce sujet et coupa court, par cet ordre, à tout projet d'entrer au Carmel.

La décision paraissait hardie ; elle était de celles qui révélaient chez M. Wicart un coup d'œil sûr et rare, joint à un grand esprit d'observation et à beaucoup de fer-

---

1. M. l'abbé Wicart, doyen de la paroisse Sainte-Catherine, mourut évêque de Laval.

meté ; mais si l'habileté humaine et l'art de sonder une âme jusque dans des profondeurs intimes eurent leur part, leur large part dans la décision qui intervint, il est permis aussi et prudent d'entrevoir dans tout cet ensemble de choses l'action de la Providence qui agit et éclaire à ses heures.

Melle Wibaut obéit en enfant docile, sans calculer ce qu'il lui en coûterait, sans rien marchander ; elle pria DIEU avec plus de ferveur encore que par le passé pour qu'il révélât sa volonté à son endroit.

Désormais sa résolution est prise ; elle vivra dans le monde, mais elle y vivra religieuse sous l'habit laïque.

Mlle Wibaut et une des premières communautés religieuses à Lille. — M. l'abbé Bernard à Lille. — Arrivée du Père Vitse à Lille. — Première entrevue. — Mlle Pauline Legrand modifie ses plans.

LA ville de Lille venait de s'enrichir d'une communauté de Religieuses placées sous le vocable du Sacré-Cœur. Une de ces Religieuses, du nom de Mère de la Croix, fut rapidement très en vue par son dévouement et par l'influence qu'elle ne tarda pas à acquérir.

Elle groupa autour d'elle un certain nombre de dames et de jeunes filles, qu'elle organisa dans une sorte d'ouvroir, à l'effet de confectionner gratuitement des ornements pour les églises pauvres.

Elles étaient nombreuses à cette époque les églises pauvres, et, dans quelques-unes, le culte était célébré d'une manière à peine décente, si complet était le dénuement ! On était en 1831 ; seize ans s'étaient écoulés, il est vrai, depuis la fin de l'épopée impériale, mais les ruines accumulées depuis la Révolution jusqu'à la chute de Napoléon Ier n'étaient pas encore réparées.

La plupart des communes rurales étaient obérées et ne pouvaient secourir les églises dans leurs besoins les plus urgents ; et puis, des armées étrangères étaient restées long-temps sur le sol. de la France, comme contributions de guerre, même après la signature de la paix, et tout cela avait ajouté une grande gêne à de très lourdes charges.

Sans doute, les choses s'amélioraient ; seulement les plaies à cicatriser étaient nombreuses et profondes.

Ce fut dans ces circonstances que naquit, sous l'impulsion de Mère de la Croix, l'œuvre des églises pauvres, qui, répondant à une réelle nécessité, fut rapidement comprise et bien acceptée.

Cette œuvre prit beaucoup d'extension surtout quand on vit des personnes de la haute société lilloise, comme Melle de Gennevier, Melle Van Dree, s'y faire inscrire et apporter par leur concours des ressources en argent et en nature.

Melle Wibaut prêta son talent ; la confection des ornements d'église est une spécialité ; il fallait une personne entendue, habile pour découper et enseigner aux autres l'art de découper. Elle eut la charge de diriger pratiquement toutes les bonnes volontés qui ne s'étaient jamais essayées à ce genre de travail.

Mère de la Croix, avec cette intuition qui est commune chez les Religieuses, présuma que Melle Wibaut songeait à entrer en religion ; elle lui insinua, à termes couverts, que la Congrégation du Sacré-Cœur la recevrait facilement et volontiers. Ces avances produisirent leur effet et Joséphine prit l'avis de son directeur. M. Wicart s'y opposa de nouveau et d'une manière si formelle qu'il ne laissa pas de place à la réplique.

Sur ces entrefaites, Mère de la Croix eut un changement de résidence ; l'œuvre des églises pauvres, qui avait eu une si belle efflorescence, tomba peu à peu, et, après des phases diverses, finit par n'être plus représentée que par Melle Wibaut qui y travaillait seule chez Melle Legrand et qui, réduite à ses propres ressources, ne pouvait plus fournir les ornements à titre absolument gratuit.

M. le doyen Wicart fut promu à l'épiscopat et il eut en 1842, comme successeur, M. l'abbé Bernard.

Le nouveau curé appartenait par sa naissance et par son éducation à la meilleure société de Lille ; il alliait, comme naturellement, une admirable simplicité à une distinction rare, qui se traduisait dans un langage correct et facile, ainsi que dans toute sa manière d'être et de faire. Ceux qui l'approchaient ne savaient ce qu'il fallait le plus admirer en lui : la sainteté du prêtre ou les qualités naturelles qui encadraient sa haute vertu.

Les qualités et la sainteté se complétaient du reste mutuellement en M. l'abbé Bernard dans une remarquable harmonie ; les

gens de lettres l'appréciaient grandement
comme fin littérateur et comme helléniste ;
les hommes d'œuvres le prenaient pour leur
conseil ; les riches et les pauvres l'aimaient
pour sa bonté et pour sa ferme douceur qui
rehaussaient un mérite toujours égal à lui-
même, toujours aimable et plein de prévenances. Aussi fut-il très bien accueilli dans
la paroisse Sainte-Catherine, et bientôt il
infligea un démenti à un vieux dicton qui
assure que personne n'est prophète dans
son pays.

M. l'abbé Bernard, en trois années (car
au bout de ce temps la confiance de son
archevêque l'appela au vicariat général),
trouva moyen d'être le restaurateur du culte
de Notre-Dame de la Treille et d'accomplir beaucoup d'autres belles choses.

Un de ses premiers actes, ce fut de rétablir les Pères Jésuites à Lille. Ce n'était
pas bien aisé, l'opinion publique n'était
pas préparée ; de plus, tout manquait, même
un local. M. Bernard n'était pas homme à
reculer devant des difficultés de ce genre ; il

connaissait personnellement un Père Jésuite ; il demanda et obtint de l'avoir chez
lui, dans son presbytère, à titre d'hôte et
de vicaire, afin que ce Jésuite pût préparer
les voies à l'exécution du projet et aplanir
les obstacles inévitables quand il s'agit
d'installer une communauté.

Ce Père Jésuite était le Père Vitse. Son
nom sera cité trop souvent dans cette bio-
graphie, pour qu'il ne convienne de s'arrêter
un instant, afin de faire connaissance avec ce
Religieux, que DIEU avait choisi pour fonder l'Institut des Sœurs de Notre-Dame
de la Treille, de concert avec Melle Wibaut.

Le Père Vitse naquit, en 1802, à Bollezeele, commune flamande assez importante
du département du Nord.

Quand il fut en âge de commencer ses
études, il fut dirigé sur la ville de Saint-
Omer (P.-d.-C.), une des rares cités qui
alors avaient un collège. L'enseignement
était distribué par des professeurs de l'État,
mais une société ecclésiastique, dite de
Saint-Bertin, recueillait de jeunes internes

et les envoyait comme externes libres dans l'Établissement universitaire. Ce n'était pas la perfection assurément, mais, faute de liberté, il fallait passer par là, crainte de pis.

LE RÉV. PÈRE PIERRE VITSE
DE LA COMPAGNIE DE JÉSUS

Des familles particulières acceptaient aussi des étudiants à peu près dans les mêmes conditions, mais la surveillance était moindre, et alors les élèves ne bénéficiaient pas des cours supplémentaires organisés dans la pension de Saint-Bertin. Le jeune Vitse fut-il hébergé dans la maison de Saint-Bertin ou bien chez quelque parent ou ami, nous n'avons pu le savoir, mais tout porte à croire qu'il ne logeait pas au collège officiel dont il suivait les classes ; le pensionnat du reste y était à l'état d'embryon.

L'étudiant fit de brillantes études.

Réussir et se distinguer dans les cours de l'enseignement secondaire, c'est avoir, comme on dit communément, le pied dans l'étrier, mais cela ne suffit pas. Il importe, même pour s'assurer des chances ordinaires de bonheur humain, que le jeune homme ne se lance pas dans une carrière autre que celle vers laquelle l'orientent ses goûts et ses aptitudes ; autrement il sera en dehors de sa voie, intelligent peut-être, mais intelligent pour beaucoup de choses qu'il n'aura jamais à faire, et médiocre pour celles qu'il devra résoudre.

Que de jeunes gens ne sont jamais parvenus à rien de sérieux, parce qu'ils se sont engagés à l'étourdie dans un genre de vie qui ne devait pas être le leur, et qu'ils s'y sont engagés sans avoir réfléchi et prié ! Le jeune Vitse ne fut pas de ceux-là ; sentant au fond de l'âme l'appel mystérieux de Dieu, il le suivit sans se laisser égarer par aucun vertige, sans s'effrayer d'aucun sacrifice, sans oublier que le sacrifice lui-même n'est amer qu'en apparence et qu'il contient habituellement une joie intime, inexplicable, lorsqu'il est accepté pour Dieu.

Les études humanitaires étant terminées, l'étudiant quitta Saint-Bertin et entra au Séminaire d'Issy. Là, maîtres et condisciples remarquèrent promptement sa vertu et le qualifièrent souvent de séminariste modèle. Ordonné prêtre, M. l'abbé Vitse fut nommé vicaire dans la paroisse Saint-André à Lille ; il n'y resta pas longtemps, mais assez cependant pour que l'on y pût apprécier son zèle et son apostolat ; puis il se rendit à Montrouge au Noviciat des Pères Jésuites, où il fut reçu le 8 octobre 1828.

Plus tard, nous le trouvons professeur au collège de Fribourg où il passa quelques années ; peu après, le Père Rubillon, provincial pour le Nord, après entente avec M. le Doyen Bernard, le dirigea vers Lille où s'écoulerait désormais presque tout le reste de sa vie.

Quand Dieu a des desseins tout spéciaux de bonté, il emploie à sa cause même les moyens les plus modestes en apparence, et l'on peut dire qu'alors surtout les petites causes engendrent parfois de grands effets ; ce fut le cas dans l'espèce ; les cours de chant, auxquels Melle Wibaut s'était associée dans sa jeunesse, avaient été supprimés en 1831 ; or, M. l'abbé Bernard voulut les rétablir ; il ordonna au Père Vitse de travailler dans ce sens, mais à qui s'adresser ? M. le Doyen pria Melle Wibaut de ressusciter l'ancienne section chorale, et de se mettre à cette intention en rapports avec le Père Vitse, qui aurait la direction générale. Chose étrange ou plutôt providentielle, le Religieux était tourmenté d'une sorte d'idée fixe ; il rêvait de fonder une Congrégation de Sœurs séculières qui, tout en restant dans le monde et en s'utilisant dans leur propre maison ou chez des étrangers, seraient rattachées entre elles par les trois vœux de pauvreté, de chasteté et d'obéissance : elles suivraient une règle appropriée suivant les besoins de leur travail, mais commune malgré une certaine élasticité ; elles auraient aussi des réunions à des jours prévus, chez des consœurs vivant en communauté.

Deux fois déjà, le Père Vitse avait tenté la réalisation de ce plan ; deux fois, il avait subi un échec. L'insuccès ne l'avait nullement découragé.

Quand il rencontra pour la première fois Melle Wibaut, il eut un singulier pressentiment, il lui sembla qu'il avait devant lui la personne qui ferait l'affaire pour instituer l'Association rêvée et désirée et, de son côté, Melle Joséphine Wibaut eut la conviction instinctive qu'elle rencontrerait dans ce Jésuite le directeur qui résoudrait ses incertitudes, fixerait sa vocation et serait pour elle l'homme choisi entre mille, selon la parole de saint François de Sales.

Cependant aucune ouverture n'eut lieu ce jour-là, et ce ne fut qu'un peu plus tard qu'alarmée par une attente de quinze ans, elle voulut consulter son nouveau directeur.

Il déclara, comme M. le Doyen Wicart, que l'heure de DIEU n'avait pas encore sonné pour elle ; l'obéissance était pénible, très dure ; néanmoins elle fut complète ; rien ne présageait alors que cette heure de DIEU était proche.

Une circonstance imprévue brusqua les événements et les précipita ; Melle Pauline Legrand, avec qui Joséphine habitait, entra comme postulante chez les Sœurs de la Sagesse et leur céda sa maison située à côté de l'église Sainte-Catherine. Seulement elle s'assura le bénéfice d'une rente viagère dans le cas où elle reprendrait la vie séculière.

Quant à Melle Wibaut, malgré des offres plusieurs fois renouvelées pour qu'elle restât en cohabitation avec les mêmes Religieuses, au titre qu'il lui plairait d'accepter soit de compagne pensionnaire et libre, soit d'aspirante qui essayerait la nature de ses goûts et l'étendue de ses forces, elle refusa toutes les avances, écarta toutes les combinaisons qui auraient mal cadré avec l'obéissance ; et elle loua, rue Royale, un appartement convenable, y fit transporter un modeste mobilier et se décida à vivre seule.

Ce fut un dur sacrifice ; quitter celle qu'elle aimait, se séparer de la vie commune qu'elle avait menée avec son amie, mettre fin à une communauté qui avait paru et qui avait été, pendant l'épreuve d'une longue attente, une compensation et une image de l'existence au couvent, puis se trouver brusquement comme dans une cellule sans la distraction des œuvres qu'elle aimait et qui fonctionneraient désormais dans l'établissement des Sœurs de la Sagesse, ancienne maison de Melle Pauline : tout cela était assurément fort pénible ; mais le bon DIEU

impose habituellement des sacrifices, témoin
Abraham, avant de bénir dans une personne toute une génération, et il récompensa
immédiatement sa servante en lui accordant
une grande joie intérieure et un calme
réconfortant, précurseurs d'autres grâces
très prochaines.

CHAPITRE TROISIÈME

Mlle Wibaut restée seule prend avec elle une jeune apprentie. — Règlement d'attente. — Commencements inattendus d'une communauté. — Sœur Maria.

MADEMOISELLE WIBAUT entra dans sa nouvelle demeure le 31 juillet, fête de saint Ignace (coïncidence qu'elle ne remarqua que plus tard), et, quelques jours après, des compagnes de la réunion dominicale à laquelle elle restait affiliée, se mirent, dès la première visite qu'elle leur fit chez les Sœurs de la Sagesse, à s'apitoyer sur son sort, estimant que la solitude complète, succédant aux distractions d'une société agréable, devait être lourde à porter; mais elle répondit simplement qu'elle était tranquille entre les mains de DIEU, et qu'elle n'avait pas encore subi un moment d'ennui.

Cependant, ajouta-t-elle, si je connaissais une petite fille sage, à qui je pourrais apprendre la couture, je la prendrais avec moi, comme auxiliaire ; une jeune personne, membre de la réunion et du cours de chant, réclama la préférence pour sa sœur âgée de quatorze ans et demi, qui fut admise séance tenante et qui entra en apprentissage le 16 Août de l'année 1844.

L'enfant pensait qu'elle entrait en apprentissage de couture et, en cela, elle ne se trompait pas, mais, à son insu et par une disposition spéciale de la Providence, elle allait surtout entrer en apprentissage de la vertu.

Ce sera cette fillette, qui plus tard deviendra la consœur de Melle Joséphine Wibaut, devenue fondatrice et première Supérieure générale des Sœurs de Notre-Dame de la Treille ; sous le nom de Maria, elle sera une colonne de l'Institut naissant.

En attendant, elle recevra les confidences de sa très digne directrice, les collationnera, les joindra à des mémoires précieux dont l'auteur de ce livre s'est servi en plus d'une de ses pages ; elle remplit les fonctions de Mère Assistante au moment où ces lignes sont écrites (10 décembre 1902).

Les renseignements oraux qu'elle a ajoutés, grâce aux complaisances d'une mémoire qui n'oublie rien, ne confond rien, n'ont jamais été en désaccord avec un autre document.

Pendant que ces événements se passaient, le Père Vitse avait fixé son choix.

Convaincu que le bon Dieu lui avait adressé la personne qui réaliserait son projet de fonder une nouvelle Congrégation, il résolut de la traiter en Religieuse.

Il savait de quelle importance sont les débuts, de quelles difficultés ils sont entourés; il n'ignorait pas que les œuvres durables de ce genre ne prennent racine que par l'abnégation; il comprenait que les bénédictions divines, les plus efficaces, suivent les immolations volontaires, et pour tous ces motifs réunis, il imposa à Joséphine un règlement sévère, capable d'imprimer à la volonté le ressort et la force indispensables pour une fondation, c'est-à-dire pour une entreprise qui entraîne inévitablement des épreuves à sa suite.

Le succès est réservé en effet dans cet ordre d'idées et de choses aux caractères qui sont fortement trempés et non à ceux qui, après avoir cédé à l'enthousiasme, s'abattent, tombent affaissés, et dont l'ardeur expire sous l'infortune de quelques déceptions et de quelques essais infructueux.

Voici en résumé le règlement imposé à Joséphine :

Lever à quatre heures ; prière suivie de la méditation à quatre heures et demie ; messe à cinq heures et demie ; retour à la maison à six heures et demie ; occupations diverses, chapelet, déjeuner, travail ; à dix heures, lecture spirituelle suivie du travail ; examen particulier à onze heures trois quarts ; dîner à midi ; récréation ; chapelet à une heure ; ouvrage, lecture spirituelle à trois heures, puis travail ; salut à la paroisse, prière, coucher à neuf heures.

En outre, elle prenait la discipline trois fois la semaine, portait un bracelet de mortification plusieurs heures par jour, et se revêtait parfois d'un cilice pendant le temps qui n'était pas consacré au sommeil.

Ce fut au mois de Septembre 1844, que ce règlement fut inauguré. Chaque semaine, Joséphine s'approchait du sacrement de Pénitence, et, dans un entretien spécial, rendait compte de sa conduite et de l'état de son âme.

Au mois de Mars de l'année suivante (1845), en la fête de saint Joseph, elle prononça secrètement, avec l'autorisation de son directeur, devant l'image miraculeuse de Notre-Dame de la Treille, honorée alors dans l'église de Sainte-Catherine[1], ses vœux temporaires de chasteté, d'obéissance, de pauvreté.

Sur ces entrefaites, une autre jeune fille, du nom de Catherine Descamps, était agitée de pensées diverses ; elle aussi avait nourri le désir d'entrer en religion ; elle en avait été empêchée par des circonstances particulières et successives, et elle se demandait si ce qu'elle croyait être sa vocation n'était

---

1. Cette image est maintenant dans la basilique de Notre-Dame de la Treille.

pas définitivement compromis, lorsque le Père Vitse, dont elle suivait la direction, la rassura et lui proposa d'être le premier rameau de cette branche externe qu'il voulait joindre à l'association projetée.

Melle Descamps, après avoir pris connaissance des obligations qu'elle contracterait, se mit sous la direction de son amie Melle Wibaut, promit de lui faire une visite quotidienne pour recevoir d'elle ses avis ou ses ordres, et prononça aussi ses vœux secrètement ; sa règle était très simple, et elle était accommodée de telle sorte qu'elle s'alliait avec les exigences d'une vie dans le monde, et qu'en même temps elle protégeait les vocations accidentellement arrêtées par des obstacles sérieux.

Néanmoins, jusque-là, aucune des deux consœurs ne savait que leur directeur avait en vue de jeter les assises d'une Congrégation lorsque, un jour, Melle Wibaut fut avertie par le Père Vitse qu'elle aurait une compagne qui serait logée chez elle.

Une compagne ! Joséphine comprit la

signification de ce mot malgré l'euphé-
misme qui l'enveloppait ; il s'agissait donc
d'une communauté naissante ! Le premier
mouvement fut le jet de la nature et un
refus.

« Très bien », répliqua le Père Jésuite
sans se déconcerter. Il alla prier Notre-
Dame de la Treille et lui rappela que ce
serait à son honneur, sous son patronage
et sous son vocable, que la future fondation
serait établie ; puis il la supplia de mani-
fester sa protection en résolvant elle-même
la difficulté qui pouvait tout compromettre
et tout arrêter.

La réponse de la Sainte Vierge ne se fit
pas attendre. Joséphine, depuis son refus,
avait perdu sa tranquillité d'âme. Bien que
son vœu d'obéissance n'impliquât pas l'obli-
gation stricte de se soumetre dans l'espèce,
et qu'il ne concernât que la direction de sa
conduite personnelle, elle tremblait néanmoins à la pensée de préférer sa volonté à
celle de Dieu ; ses angoisses durèrent vingt-
quatre heures ; au bout de ce temps, elle

n'y tint plus et s'en alla voir le Père Vitse, qui se contenta de lui demander sèchement si elle était dans l'intention de reprendre ce qu'elle avait promis au bon DIEU.

Cette parole porta coup ; désormais elle n'opposerait plus aucune résistance aux désirs de son directeur ; sa résolution était ferme, arrêtée, et Melle Flore Winguel (plus tard Sœur Saint-Joseph) fut acceptée et forma la troisième pierre que Notre-Dame de la Treille procurait, sous le regard de DIEU, à son Institut naissant. Melle Winguel arriva le 1er mai, comme si Marie avait choisi cette date pour envoyer une fleur de son mois béni.

Le 21 juin suivant, fut reçue Melle Sophie Buirette comme Sœur interne ; Melle Descamps avait eu de son côté une imitatrice dans la personne de Melle Sophie Canin ; la fondation comptait par suite cinq membres dont deux étaient externes. Ce chiffre parut suffisant pour commencer, et le 2 juillet 1845, en la fête de la Visitation, après une retraite fervente terminée ce jour-là même, les cinq consœurs se réunirent dans

la chapelle de Notre-Dame de la Treille, en
l'église Sainte-Catherine ; le Père Vitse

célébra la messe et prêcha, mais son émotion était visible ; il pressentait que cette fondation aux débuts si modestes s'étendrait par les bénédictions divines et que l'arbre, si petit en apparence, ne tarderait pas à se développer ; il n'y avait là devant lui que quelques modestes jeunes filles, pauvres des biens de la terre, mais l'histoire est féconde en exemples qui prouvent que, dans bien des cas, le bon DIEU veut rendre son action transparente à travers les faits et les événements, et qu'alors il emploie des éléments d'une faiblesse évidente et d'une impuissance incontestable, afin que l'on sache qu'il est lui-même à l'origine de l'œuvre suscitée et qu'on se sente intéressé à mériter ses faveurs pour obtenir la prospérité.

Le moment fut solennel lorsque l'Institut des Sœurs de Notre-Dame de la Treille naquit; les futures religieuses s'approchèrent de la sainte Table avec une ferveur angélique. Puis, lentement, distinctement, à très haute voix, les vœux temporaires et à court terme d'obéissance au règlement, de pauvreté, de chasteté, furent contractés d'abord par Melle Wibaut, qui sera désormais Mère Marie-Joseph, Supérieure, puis successivement par Melle Flore Winguel, devenue Sœur Joseph, par Melle Catherine Descamps sous le nom de Sœur Catherine - Joseph, et par Melle Sophie Canin, qui s'appellera Sœur Saint-Michel [1].

Melle Sophie Buirette se présenta comme novice et fut Sœur Aloysia.

Les yeux traduisaient la joie des cœurs. Sans savoir au juste ce que la Providence réservait à leur fondation, toutes ces sociétaires comprenaient comme instinctivement qu'elles seraient les premières assises d'un important édifice, et toutes sortirent de la cérémonie avec la résolution de vivre en bonnes Religieuses ; cependant, elles ne prirent le nom de Sœurs que dans l'intimité pour ne pas exciter l'étonnement des

---

1. Sœur Saint-Michel ne restera affiliée qu'aussi longtemps qu'il y aura des Sœurs externes, et Sœur Catherine-Joseph deviendra interne en 1851.

gens du monde, qui auraient trouvé étrange
une dénomination de ce genre, échangée
entre des personnes, en apparence séculières,
et n'ayant dans leurs habits d'autres signes
distinctifs que la simplicité et la modestie.

La journée du 2 juillet s'écoula dans la
joie et la prière ; toutes les Sœurs étaient
animées du meilleur esprit ; elles savaient
se pardonner mutuellement et facilement
ces petits froissements que des caractères
divers, assemblés sans la formation préalable
d'un noviciat, devaient inévitablement ren-
contrer dans la vie commune; toutes avaient
pour leur Supérieure ce respect véritable
qui facilite la soumission ; elles obéissaient
simplement et elles s'appliquaient à ne pas
diminuer leur mérite en demandant les raisons qui motivaient un ordre, raisons que
l'autorité ne peut pas toujours dévoiler sans
inconvénient ; elles se rappelaient que rien
de parfait n'existe sur la terre, que des
erreurs sont inévitables dans toute administration, et elles pratiquaient largement le
sacrifice de la volonté.

Au point de vue de la pauvreté, c'était parfait ; les Sœurs internes vivaient du travail de leurs mains, les Sœurs externes pourvoyaient à leur propre entretien.

DIEU bénit tant de bonne volonté, les vocations affluèrent, et, trois mois plus tard, c'est-à-dire en octobre, la communauté comptait quinze membres, y compris les novices et les postulantes.

Cependant les Pères Jésuites avaient fondé à Lille une résidence ; le Père Vitse n'habitait plus au presbytère et son supérieur, informé de tout ce qui s'était accompli, l'autorisa à prêcher régulièrement dans une salle transformée en oratoire. L'avantage était très appréciable, car, dans l'église Sainte-Catherine où les Sœurs se rendaient pour les services Religieux, les instructions ne pouvaient être appropriées aussi bien que dans une réunion privée.

L'inauguration de cette faveur eut lieu le 13 novembre, en la fête de saint Stanislas Kostka, qui fut choisi comme patron des novices, afin de perpétuer le souvenir d'une date chère, et, pour la consacrer par une coïncidence, le voile blanc, réservé aux novices, fut conféré pour la première fois dans la même cérémonie. L'heureuse bénéficiaire de la fête fut une jeune fille de 18 ans, qui se transforma en Sœur Stanislas, en présence de douze Religieuses réunies dans l'oratoire. Elle devint Assistante et Maîtresse de Novices.

Il n'est médaille si belle qui n'ait un revers : l'Institut en subit l'expérience ; le succès avait rendu trop étroit le local dont on disposait ; mais où en trouver un autre, pas trop cher, assez spacieux, aménagé de telle manière qu'il fût à l'abri de toute curiosité étrangère ? La Sainte Vierge, invoquée avec ardeur pendant trois neuvaines presque successives, sembla résoudre le problème ; une portion de maison, remplissant les conditions désirées, fut mise comme providentiellement au service de la communauté, rue Sainte-Catherine, nº 44. On y entra le 15 décembre 1845 ; quelques

jours auparavant, c'est-à-dire le 8 décembre,
en prévision sans doute du déménagement
prochain qui procurerait aux Religieuses
plus de facilité pour les exercices en commun, le Père Vitse avait imposé une règle
sous forme d'essai.

CHAPITRE QUATRIÈME

M. Bernard, vicaire-général. — M. Arnould, doyen de la paroisse Sainte-Catherine. — La règle des Sœurs de Notre-Dame de la Treille devient définitive. — Le soin des malades est adopté. — Intervention de Son Éminence le cardinal Giraud. — Épreuves et œuvres diverses. — Coïncidence étrange. — Approbation de l'Institut.

L'ANNÉE 1845 avait été féconde en heureux résultats, l'année 1846 les raffermit et les développa.

D'abord la règle devint définitive à partir du 2 février ; ce jour-là, les professes, après une retraite de trois jours, renouvelèrent leurs vœux en l'église Sainte-Catherine et de retour à la communauté, toutes les Sœurs, internes et externes, se vêtirent pour la première fois d'un costume commun, se proposant toutefois de ne le porter que dans l'enceinte de leur maison ; il y eut fête, comme bien l'on pense, et le souvenir de toutes ces choses était encore récent lorsque M. le

M. le Vicaire-Général BERNARD

Doyen Arnould, qui avait succédé dans la paroisse à M. Bernard promu vicaire-général, voulut donner, par une visite officielle, une sorte de consécration à ce qui avait été réalisé.

Il félicita vivement le Père Vitse et les Religieuses des renseignements qu'il avait reçus à leur sujet et de tout ce qu'il avait vu.

Le costume qu'avaient adopté les Sœurs était composé d'une robe noire et d'une pèlerine de même couleur, d'un mouchoir blanc plissé, d'un serre-tête formant bandeau sur le front, d'un bonnet blanc garni d'une bande tuyautée, d'un voile noir pour les professes et blanc pour les novices ; le Père Vitse ajouta la croix pectorale et l'anneau, portés pour la première fois le 10 mars de la même année, jour où la Mère fondatrice, par une faveur spéciale, changea ses vœux temporaires en vœux perpétuels, en la fête de saint Joseph qui lui rappelait l'anniversaire de sa naissance et de sa première Communion.

Rien n'est puissant comme l'exemple et

la coutume ; le Père Vitse en était convaincu plus que personne et, à cause de cela, il décida que tous les articles du règlement seraient appliqués dès le début ; or il y en avait un qui attribuait à l'élection la nomination de la Supérieure générale ; il annonça donc qu'un scrutin aurait lieu au commencement de mai à cette intention.

Immense fut tout d'abord l'étonnement qui accueillit cette nouvelle, mais bientôt l'on comprit le motif qui déterminait cette décision, et comme l'élection de la fondatrice ne semblait pas douteuse, et qu'elle rallierait toutes les voix moins la sienne, le calme le plus complet régna dans la communauté.

L'homme propose, dit-on, et Dieu dispose, ce fut bien le cas ; les projets si bien préparés et déjà annoncés durent être ajournés pour leur exécution par suite d'une épreuve que le bon Dieu envoya.

Cette réunion de jeunes filles avait éveillé l'attention ; sur la fin d'avril, divers bruits circulaient sourdement dans un certain

public. On blâmait la singularité du nouveau genre ; il y avait, disait-on, imprudence à lier par des vœux des personnes
destinées à vivre dans le monde. Enfin on
parvint à connaître des détails sur le costume par suite de l'audace d'une personne
qui, après avoir guetté dans la rue et à la
porte du nouveau couvent l'occasion de
s'introduire, profita d'une circonstance et
se glissa dans l'oratoire où se trouvaient les
Sœurs.

Plainte fut portée au Supérieur du Père
Vitse qui soumit l'affaire au Père Provincial, dont la résidence était alors à Laval.

Celui-ci, dans sa réponse, approuva l'œuvre, la reconnut très bonne, mais leur règle
interdit aux Jésuites d'être les directeurs
officiels, attitrés, ordinaires par suite, d'une
Congrégation et celle dont il s'agissait avait
pris trop d'extension pour qu'elle fût consi-
dérée plus longtemps comme une simple
association, et qu'elle fonctionnât à l'insu
de l'autorité diocésaine à qui il fallait en
référer.

L'avis du Père Provincial fut accepté comme un ordre ; l'affaire fut soumise à Mgr l'Archevêque de Cambrai.

Le prélat se montra très favorable et il désigna M. le Doyen Arnould comme Supérieur de la Congrégation naissante, et M. le Doyen s'imposa de visiter l'Institut toutes les trois semaines ; il présidait les cérémonies, et, par une délicate attention, il se faisait accompagner du Père Vitse à qui il cédait toujours la parole en public dans l'oratoire.

Ainsi, toute difficulté était aplanie ; ce fut le 28 juin 1846 que M. Arnould exerça pour la première fois le mandat dont il venait d'être investi, en imposant le voile noir à la Sœur Aloysia, et sa bienveillance ne connut pas de défaillance.

Cependant le nombre des vocations se multipliait et de nouveau le local était insuffisant ; mais toutes choses s'arrangèrent bien à temps. La communauté entra en jouissance, moyennant mille francs par an, d'une propriété vaste, située à quelques minutes de l'église Sainte-Catherine, et disposée de telle manière qu'il était facile d'en affecter une partie pour le service religieux et d'y organiser une chapelle, parfaitement distincte et séparée des autres appartements.

La Providence préparait encore une autre consolation ; M. le vicaire-général Bernard fut délégué par Mgr l'Archevêque à l'effet de procéder sur place à l'examen de tout ce qui concernait l'Institut des Sœurs de Notre-Dame de la Treille ; il se montra très-satisfait, il revint à la fin de septembre 1847 et proposa d'adopter comme œuvre principale le soin des malades à domicile ; son rapport fut si favorable que l'année suivante (1848) Mgr l'Archevêque manda à Tourcoing, où il était de passage, la Supérieure fondatrice, il voulut voir le costume, y fit ajouter le Rosaire et autorisa le port de l'habit en public pour les Sœurs internes.

Sur la demande de Sa Grandeur, on lui transmit une copie de la règle, puis Mgr l'Archevêque exprima le désir que la communauté toujours grandissante acquît à titre définitif ou à terme une résidence où elle serait plus au large ; l'établissement où elle s'était installée depuis peu, était déjà devenu trop étroit ; on trouva provisoirement, rue de la Barre nº 19, ce .qu'il fallait : deux salons contigus furent convertis en une même salle et formèrent une chapelle où il serait possible que la sainte Messe fût célébrée, consolation qui ne tarda pas à être accordée. Cependant, un point noir apparaissait à l'horizon ; les nouvelles Religieuses avaient les faveurs du public, on appréciait leur zèle et leur dévouement ; les malades, soignés à domicile, les popularisaient ; ce fut assez pour porter ombrage et alarmer des intérêts d'ailleurs respectables.

L'Archevêché fut saisi d'une plainte émanant d'une autre Congrégation ; cette plainte disait en substance que la similitude de costumes créait dans le public des confusions et que deux familles Religieuses ayant, dans une même ville, le même objectif, c'est-à-dire le soin des malades à domicile, se nuiraient réciproquement.

Mgr l'Archevêque était absent ; son conseil, prenant en considération ce que cette plainte avait ou semblait avoir de fondé, décréta que les Sœurs de Notre-Dame de la Treille modifieraient en couleur marron la couleur primitivement noire de leur manteau, ainsi que de leur pèlerine ; de plus, leur ministère ne pouvait dépasser les limites de la paroisse Sainte-Catherine.

M. Arnould fut chargé de notifier cette décision ; la Mère fondatrice fut admirable de résignation et répondit que l'obéissance serait parfaite. « Sans doute, répliqua M. Arnould dont l'émotion se trahissait par la voix, mais avez-vous l'argent nécessaire pour exécuter l'ordre ?

— Je n'ai pas un sou, reprit la vénérable Supérieure ; le bon Dieu ne nous a jamais abandonnées, il ne nous oubliera pas plus dans l'avenir qu'il ne nous a oubliées dans le passé. »

M. le Doyen se retira très édifié, sans se douter que cette confiance en Dieu serait immédiatement récompensée. Il était à peine parti qu'une dame de la ville demandait à parler à la Mère fondatrice.

« L'hiver est rude, dit-elle, je crains qu'il ne vous manque quelque chose et je vous apporte un peu d'argent. »

La coïncidence était si frappante, la réponse de la Providence était si claire, que quelques larmes brillèrent aux yeux de la Religieuse. La dame s'en aperçut, en demanda le motif, une conversation s'engagea et lui apprit ce qui s'était passé.

« Voici cent cinquante francs, ajouta la dame, et si cela ne suffit pas, avertissez-moi. »

Elle avait compris le rôle que la bonté divine venait de lui assigner.

Grâce à ce don, les modifications imposées au costume furent réalisées le deuxième jour qui suivit (14 juin 1849).

Le soin des malades n'était pas la préoccupation unique des Religieuses de Notre-Dame de la Treille ; elles organisèrent deux réunions, une pour les jeunes personnes et une autre pour les petites filles qui n'avaient pas encore été admises à la première Communion ; cette dernière réunion fut très-suivie et compta bientôt quatre-vingts enfants.

SON ÉMIN. LE CARDINAL GIRAUD.
ARCHEVÊQUE DE CAMBRAI

On a vu plus haut que Mgr l'Archevêque était absent quand il fut question de changer le costume. En effet, il se trouvait à Gaëte, près de Sa Sainteté Pie IX alors en exil.

Le Pape aimait beaucoup le pontife qui illustrait par son talent d'écrivain et d'orateur l'Église de France, et qui témoignait publiquement au Saint-Siège une fidélité inviolable ; il l'avait élevé à la dignité de Cardinal ; aussi Mgr Giraud fut-il reçu avec distinction ; il était du reste chargé d'une mission confidentielle de la part du goûvernement français.

Les négociations étant terminées, son Éminence prit congé du Saint Père et se remit en route pour regagner la France. La voie de mer parut préférable, mais voici que soudain, pendant la traversée, une tempête terrible assaille le navire et le menace d'une ruine totale ; le vicaire-général, M. Bernard, qui accompagne son Éminence le cardinal Giraud, suggère au pontife la pensée de se rendre favorable Celle qui est appelée l'Étoile de la mer et, à cette intention, de promettre qu'il approuvera les statuts des Religieuses de Notre-Dame de la Treille si le danger disparaît. Monseigneur accepte la proposition, y ajoute même le vœu qu'il irait en pèlerinage au sanctuaire de Notre-Dame de la Treille.

Marie était trop intéressée pour n'être pas favorable à une si touchante prière et pour ne pas l'exaucer ; les vents s'apaisèrent rapidement, la mer se calma et le reste du voyage se passa sans incident nouveau.

De retour à Cambrai, Mgr l'Archevêque reçut les témoignages de sympathie et de respectueuse affection que les catholiques du Nord lui adressèrent sous toutes sortes de formes, mais ces manifestations ne lui firent pas perdre de vue, même pour un temps, la promesse qu'il avait faite et le cardinal Giraud se hâta d'envoyer aux Religieuses de Notre-Dame de la Treille l'approbation que M. le Doyen de la paroisse Sainte-Catherine fut chargé de transmettre et qu'il communiqua le 26 avril 1849.

CHAPITRE CINQUIÈME

Le 28 juin 1849. — Sœur Saint-Eubert. — Le choléra à Lille.

L E 3 mai, son Éminence le Cardinal-Archevêque Giraud quitta Cambrai pour se rendre à Lille et accomplir son vœu [1]. Il visita la Congrégation qu'il venait d'au-

---

1. La dévotion des habitants de Lille à Notre-Dame de la Treille remonte aux origines de la ville.

Cette dévotion a été récompensée par beaucoup de miracles qui furent canoniquement reconnus. (Voir le magnifique ouvrage de Mgr Hautcœur, *Histoire de Notre-Dame de la Treille*.)

Longtemps l'affluence des étrangers fut considérable, mais la Révolution française vendit et démolit, en 1793, la collégiale de Saint-Pierre où était l'image vénérée.

Le culte extérieur s'obscurcit mais beaucoup de cœurs restèrent fidèles. Quant à l'image elle-même, elle fut conservée (voir l'histoire très documentée de Notre-Dame de la Treille, par M. le chanoine Delassus) dans l'église de Sainte-Catherine, elle y occupait une niche derrière le chœur, mais elle y était presque entièrement soustraite aux regards et à la dévotion des fidèles. M. l'abbé Bernard, doyen de la paroisse, la fit sortir de cette obscurité : la Confrérie de Notre-Dame de la Treille fut rétablie par acte de Mgr Giraud, daté du 1er avril 1844, et le pieux Archevêque s'y fit inscrire lui-même à la date du 29 février 1846.

Ainsi s'explique la pensée toute de confiance filiale qui inspira le vœu de Mgr Giraud ; la présence de M. le

toriser : elle se composait de seize professes, sept novices et deux postulantes.

« Vous êtes assez nombreuses pour commencer, dit Monseigneur ; si vous pratiquez la simplicité, l'humilité et la charité, vous serez le grain de sénevé. »

Puis, il accorda la permission que la sainte Messe fût célébrée dans la chapelle les jours de grande cérémonie.

C'en était fait ; les Sœurs de Notre-Dame de la Treille étaient officiellement reconnues, classées parmi les communautés diocésaines, mais les vœux qu'elles avaient contractés au for intérieur, n'avaient pas encore de caractère canonique. Les renouveler était chose qui s'imposait. M. le Doyen fut délégué à cet effet et la cérémonie s'accomplit le 28 juin 1849, par la profession de vingt-trois Religieuses et la prise d'habit

---

vicaire-général Bernard, dont il s'était fait accompagner, eut aussi sa part dans cet acte de piété.

Ce fut le 6 mai 1849 que le Cardinal déposa ses actions de grâces aux pieds de Notre-Dame de la Treille, et lui consacrer de nouveau, comme il s'y était engagé par son vœu, sa personne et son diocèse.

de deux novices, au total vingt-cinq Sœurs tant internes qu'externes ; ce fut un touchant spectacle. Le Père Vitse célébra la sainte Messe tout rayonnant de bonheur ; le Père Possoz prêcha à l'évangile ; puis, M. le Supérieur Arnould s'approcha de l'autel à la Communion du prêtre, découvrit lui-même le saint Ciboire et tenant entre les doigts l'adorable Hostie, quelque peu surélevée, il écouta les trois vœux de pauvreté, de chasteté, d'obéissance que la Révérende Mère prononça d'une voix ferme, il inclina alors vers ses lèvres le Dieu à qui elle venait de se consacrer publiquement ; les consœurs, rangées en demi-cercle, s'approchèrent à leur tour successivement, contractèrent des engagements de cinq ans et en déposèrent la formule dans une corbeille préparée à cet effet ; tous les yeux exprimaient la joie intérieure des âmes pendant que chacune des nouvelles Religieuses recevait les insignes bénits. Le *Te Deum* s'échappa ensuite de toutes les poitrines avec cet accent que la reconnaissance a seule la puissance de lui imprimer.

Hélas ! telles sont les fêtes de cette terre d'exil que souvent elles sont suivies, à bref délai, de quelque chagrin ; ce fut le lot des Sœurs de Notre-Dame de la Treille ; dix-huit jours s'étaient à peine écoulés, qu'un convoi funèbre les rassemblait autour du cercueil de Sœur Saint-Eubert.

Elle était pieuse comme un ange, la Sœur Saint-Eubert ; dès son jeune âge, elle avait nourri dans le cœur le désir de se consacrer à DIEU ; être à lui tout entière sous le voile des vierges, n'aimer que son Seigneur JÉSUS, le voir et le soulager dans les pauvres ou dans les infirmes, mourir à son service, c'était tout le rêve de la jeune fille, c'eût été l'accomplissement de tous ses désirs de bonheur.

Les circonstances ne lui permirent que partiellement de réaliser son projet ; un sou-venir pénible, qui devait lui être fatal, pla-nait sur sa vie et guettait sa proie.

Le père et la mère de Sœur Saint-Eubert

étaient morts du choléra ; depuis, elle avait conservé de cette terrible et foudroyante maladie une horreur insurmontable, comme instinctive.

Or, elle avait été adoptée depuis le décès de ses parents, sinon légalement, du moins en fait, par une dame que la jeune orpheline aimait comme une mère ; pour elle, par reconnaissance pour cette dame, elle avait différé l'entrée définitive en religion, se contentant d'être inscrite parmi les Sœurs externes, et, dans cette catégorie, se rangeant parmi les plus ferventes, lorsque soudain le choléra opéra une nouvelle invasion en France.

Lille ne fut pas épargné ; le fléau décima la population avoisinante des remparts, et par suite la paroisse Saint-André fut une des plus éprouvées.

Or, voici qu'un jour, la Sœur Saint-Eubert se trouvait à l'église à côté de sa bienfaitrice, la dame était entrée bien portante, du moins en apparence, mais, brusquement elle s'affaissa sur sa chaise ! Sœur

Saint-Eubert se précipita à son secours et à peine avait-elle relevé la malade qu'elle s'aperçut que le choléra venait d'atteindre une nouvelle victime.

Son père mort du choléra ! sa mère par nature morte du choléra ! sa mère par adoption se débattant sous les étreintes du même mal ! C'en était trop, elle fut impressionnée si vivement, qu'elle ne se sentit plus la force de rester plus longtemps près de la dame qui avait été rapidement transportée au domicile commun, sans aller auparavant ouvrir son cœur et confier ses angoisses à sa Supérieure.

Elle sonna donc au couvent, tout émue, visiblement troublée. Le dévouement apprend à juger rapidement et sûrement le danger de certaines situations ; il inspire aussi des actes de splendide vertu et d'admirable sagacité.

La Supérieure, à peine instruite de ce qui s'était passé, déclara à la jeune Sœur, malgré le danger d'introduire le choléra dans la communauté, qu'elle ne retournerait

plus près de la dame, qu'elle serait rempla-
cée par une Religieuse de bonne volonté et
qu'elle séjournerait au couvent. .

La proposition fut agréée ; une Religieuse [1] de bonne volonté partit presque
aussitôt, magnifiquement enveloppée dans
son héroïsme, heureuse d'une joie sainte
parce qu'elle avait consenti un sacrifice, non-
seulement agréable à Dieu, mais double-
ment utile au prochain.

Pendant ce temps, on s'appliquait à dis-
traire Sœur Saint-Eubert, mais ni le salut
solennel auquel elle assista dans la soirée,
ni le chant auquel elle prit une large part
et pendant lequel elle fit entendre pour la
dernière fois une voix superbe, ne purent
calmer son émotion.

Se sentant indisposée, elle s'alita dans la
soirée ; dès le lendemain, le choléra se
déclara franchement avec accompagnement
de vomissements ; elle eut assez de présence
d'esprit pour ne céder à aucune illusion ;

1. Sœur Saint-François-Régis, qui fut Supérieure de
l'hôpital Saint-Roch.

elle reçut les derniers Sacrements avec une extrême édification et sans appréhension de la mort; elle exprima à sa Supérieure et, par elle, à toute la communauté, ses remerciements pour la grande charité qu'on avait eue à son égard en la recevant ; enfin, tranquille entre les mains de DIEU, elle offrit le sacrifice de sa vie pour obtenir de la bonté divine que le dévouement exercé à son égard n'eût aucune suite funeste pour ses consœurs, elle demanda que sa communauté fût totalement préservée du fléau et sollicita aussi, dans une très ardente prière, d'être à Lille la dernière victime du choléra !

Elle mourut le 16 juillet 1849, et les funérailles eurent lieu dès le lendemain.

Coïncidence étrange ! D'après des renseignements sérieux mais difficiles à contrôler, il n'y eut plus, à partir de ce jour, aucun décès par suite d'atteinte nouvelle du choléra, du moins sur les paroisses de Sainte-Catherine et de Saint-André, bien que, dans les faubourgs extérieurs, il y ait

eu encore quelques victimes. Le fléau dé-
croissait-il naturellement ? Peut-être, mais
une opinion autre prévalut dans une partie
de la société. La conviction que DIEU avait
exaucé la prière de sa servante, parce que
cette prière était sortie d'un cœur pur, de
lèvres ardentes, après avoir été trempée
dans le sacrifice, plana sur toute une foule,
nombreuse malgré l'effroi qui régnait, re-
cueillie et agenouillée dans la chapelle des
Sœurs de Notre-Dame de la Treille, lorsque, quelques jours plus tard, une messe
fut célébrée à l'intention de la défunte et
que le Père Vitse prononça le panégyrique ;
mais le plus bel éloge fut composé, sans
contredit, des larmes, des prières, et des
regrets unanimes qui furent donnés à la
mémoire de Sœur Saint-Eubert, non-seulement par la pieuse assistance, mais encore
par un grand nombre de personnes qui ne
purent assister à l'obit solennel.

CHAPITRE SIXIÈME

Relique des cheveux de la Ste Vierge.
— Coup d'œil jeté sur l'historique
et l'authenticité de cette relique. —
Mort du cardinal Giraud. — Monseigneur Régnier : Ses sentiments
à l'égard des Sœurs de Notre-Dame
de la Treille. — Origine de l'Adoration perpétuelle.

L E deuil qui était survenu à la communauté des Sœurs de Notre-Dame de la Treille, attristait encore les cœurs, quand les circonstances ménagèrent une grande consolation.

M. le Curé de Bollezeele [1], en reconnaissance d'un service rendu par le Père Vitse et d'un don offert par lui, fit cadeau à la Congrégation d'une relique insigne, consistant en une partie des cheveux de la Sainte Vierge, dont une portion avait été confiée à l'église de sa paroisse depuis l'an 1621.

Bien que l'histoire de cette relique n'entre pas précisément dans le cadre que nous

---

1. M. l'abbé Liturgie.

nous sommes tracé, il convient néanmoins de jeter un rapide coup d'œil sur certaines choses qui la concernent.

Philippe II, fils de Charles-Quint et roi d'Espagne, avait une fille qui s'appelait Isabelle-Claire-Eugénie ; son père l'aimait beaucoup ; elle était infante d'Espagne par le fait de sa naissance et elle conserva ce titre dans l'histoire, même pendant le temps que dura son mariage avec l'Archiduc Albert d'Autriche.

Philippe II, par un acte daté de 1595, céda à son futur beau-fils en toute propriété la souveraineté des Pays-Bas [1]. Ce règne d'Albert et d'Isabelle répara beaucoup de ruines et fut très prospère ; les peuples respectaient en Albert sa vertu et aimaient Isabelle à cause de sa charité. Hélas ! ils n'avaient pas d'enfant ; l'Infante accomplissait sa cinquante-cinquième année lorsque son époux tomba malade sans espoir de

---

1. En 1621, l'Archiduc Albert mourut le 13 juillet sans enfant ; en vertu du même acte de 1595, la Flandre fit retour à la couronne d'Espagne et Isabelle ne conserva plus que le titre de gouvernante des Pays-Bas.

guérison ; et une guerre contre les provinces du Nord (Hollande) sévissait en même temps. Isabelle résolut de recourir à la prière et fit en 1621, peu avant la mort d'Albert, un pèlerinage au sanctuaire, alors très renommé, de Bollezeele [1].

Au nombre des présents qu'elle offrit se rangea en première ligne une relique des cheveux de la Sainte Vierge, qu'elle-même avait reçue du sanctuaire de Notre-Dame de Lorette [2] et qu'elle apporta dans une splendide ceinture, conservée encore de nos jours en l'église de Bollezeele. La relique dut paraître tout à fait incontestable, bien que

---

1. Bollezeele est une commune flamande du département du Nord, peu éloignée de Saint-Omer et très rapprochée de Watten, deux localités dont il sera question ; elles étaient, ainsi que Bollezeele, situées dans les Etats d'Albert et d'Isabelle et ressortissaient de l'évêché de Saint-Omer, depuis la destruction de Thérouanne.

2. Il ne semble pas douteux que Notre-Dame de Lorette ait possédé des cheveux de la Sainte Vierge, provenant sans doute des dons faits par l'évêque de Jérusalem et d'autres évêques d'Orient aux principaux seigneurs qui avaient pris part aux croisades. Philippe II avait du reste en Italie de vastes possessions, toutes voisines de Lorette, ce qui explique parfaitement les rapports qu'avait eus la jeune princesse avec le célèbre sanctuaire de Lorette.

les titres avaient été perdus, car les Jésuites

les Jésuites [...]

anglais établis à Saint-Omer, offraient en

1687, un magnifique reliquaire en argent,

ISABELLE, ARCHIDUCHESSE D'ESPAGNE,
GOUVERNANTE DES PAYS-BAS
(D'après une ancienne estampe, gravée par H. Jacobs, 1618.)

et, six ans plus tard, en 1693, Jacques de

Lières, doyen de la cathédrale, de Saint-Omer, et bien placé par suite pour connaître la vérité sur la dite relique, permit, à titre de vicaire général, le siège vacant, d'exposer les saints cheveux à la vénération des fidèles par l'acte suivant dont nous donnons la traduction.

« Nous, Jacques de Lières, doyen de
» l'église cathédrale et vicaire général, le
» siège vacant, à tous ceux qui verront ces
» présentes, salut en Notre-Seigneur. Nous
» attestons que le jour où sont dictées les
» présentes, il nous a été exhibé, de la part
» de M. Jean-Baptiste de Coster [1], curé-

---

1. A cette date, 1693, M. l'abbé de Coster était curé de Bollezecle depuis deux ans, et il mourut en 1697, à l'âge de quarante ans environ. Prêtre instruit et distingué, il laissa des mémoires en parfaite concordance avec des actes authentiques découverts depuis peu. M. de Coster avait été contemporain d'un certain nombre de choses qu'il relate ; et quant à celles qui ne s'étaient pas passées de son vivant, elles l'avaient précédé de fort peu. De plus, il vivait sur les lieux mêmes où elles s'étaient accomplies : toutes circonstances qui caractérisent ses mémoires d'une très grande valeur historique. L'original est conservé aux archives de l'église de Bollezecle.

» doyen de la paroisse de Bollezeele, un
» reliquaire en argent dans lequel nous avons
» trouvé des cheveux de la Bienheureuse
» Vierge Marie, donnés à la dite église
» paroissiale par la sérénissime princesse
» Isabelle-Claire-Eugénie, Infante d'Espa-
» gne, lesquels nous déclarons authentiques
» et permettons par les présentes de les
» exposer à la vénération des fidèles dans
» cette même église paroissiale de Bol-
» lezeele.

» En foi de quoi, nous avons fait munir
» les dits Cheveux du sceau de notre vica-
» riat et de la signature de notre secrétaire.

» Donné à Saint-Omer le 17 janvier de
» l'an de Notre-Seigneur 1693. »

» Par mandement de l'illustrissime et
» révérendissime susdit vicaire général.

» DEBARRE, secrétaire. »

Conforme à l'original [1].

A la même date, 1693, et très probable-
ment à l'occasion de la même ouverture du

1. Archives de Bollezeele.

reliquaire, Marie-Thérèse, de l'illustre famille du duc de Modène en Italie, devenue épouse, en secondes noces, de Jacques II, roi détrôné d'Angleterre, demanda et obtint par l'intermédiaire du R. P. John Clare, provincial de la Compagnie de Jésus en Angleterre, quelques cheveux de la Sainte Vierge et ajouta ainsi une preuve nouvelle de la réputation incontestable qu'avait la relique, dont l'authenticité n'était pas mise en doute par une reine et par un provincial.

Depuis 1693, les cheveux de la Ste Vierge ont été authentiqués deux fois [1], d'abord en 1750, le 23 mai, par Joseph-Alphonse de Valbelle, évêque de Saint-Omer, puis en 1755 par François-Joseph de Brunes de Montlouet, évêque de Saint-Omer, en tournée épiscopale. Enfin, Mgr Giraud, archevêque de Cambrai, fournit, le 20 septembre 1849, une dernière authenticité [2]

---

1. Les authentiques sont aux archives de l'église de Bollezeele.

2. L'original est aux archives de la communauté, rue d'Angleterre 26, Lille.

lorsque le reliquaire [1] fut ouvert et qu'une petite touffe des saints cheveux fut donnée par M. Liturgie, curé de Bollezeele, à la communauté de Notre-Dame de la Treille,

---

1. On croit généralement que c'est toujours ce même reliquaire donné en 1687, il est bien de l'époque.

Quelques auteurs ont émis l'opinion que les cheveux de la Sainte Vierge à Bollezelle ont été additionnés par d'autres cheveux, également de la Sainte Vierge, mais provenant de la relique de Watten. Cette opinion est inadmissible, il suffit, pour s'en convaincre, de consulter l'histoire de la relique de Watten : Robert, dit de Jérusalem, comte de Flandre, retournant de son expédition contre les Perses, s'arrêta en Apulie, dont le duc, qui était son parent, lui fit présent de quelques cheveux de la Sainte Vierge. Ces cheveux étaient sans nul doute authentiques, car Clémence, épouse de Robert, était en situation d'être bien renseignée puisqu'elle était sœur du pape Calixte II. Sur l'ordre de son époux, elle déposa cette relique en l'église Sainte-Marie de Watten et, pour l'installer, eut recours à Lambert, évêque d'Arras, le siège de Thérouanne, dont Watten ressortissait, étant vacant ; elle consigna ces faits dans une charte dite de Clémence, datée de 1097, dont la copie est conservée à l'évêché de Gand et dont l'original a été remis par l'évêché de Gand à la basilique de Notre-Dame de la Treille. — Or, depuis 1097, l'histoire ne relate en fait d'ouvertures du reliquaire de Watten que les suivantes.

1º En 1619, par Ferdinand, électeur de Cologne, évêque de Liège ; mais ce fut en faveur des Jésuites anglais établis à Liège, comme le constate l'authentique, ou plutôt le *vidimus* conservé aux archives de l'évêché de Gand.

2º En 1693, par Jacques de Lières qui authentiqua la même année la relique de Bollezeele. Or, le mémoire

à la condition que jamais et pour aucun motif, une partie n'en serait soustraite.

Après avoir constaté le don de l'Infante Claire-Eugénie, Mgr Giraud ajoute :

« Nous en avons le témoignage irrécu-
» sable dans le parchemin que, par mande-
» ment du Très Révérend Seigneur Joseph-

---

signé par M. de Coster, curé de Bollezeele, ne fait aucune mention de Watten et dit que la relique de Bollezeele est arrivée de la maison de Lorette par l'intermédiaire de l'Infante et l'authentique, cité plus haut et signé par Jacques de Lières, émet la même affirmation et constatation.

On dira peut-être, pourquoi y eut-il ouverture du reliquaire en 1693 à Watten ? L'explication paraît très naturelle. La persécution religieuse qui avait sévi en Angleterre avait inspiré aux Anglais l'idée, bientôt réalisée, de créer sur les côtes, notamment en France, des établissements d'enseignement catholique : celui de Watten fut un des plus prospères, il était dirigé par les Jésuites qui y avaient un noviciat. Or, en 1692, Benoît de Béthune, abbé de Saint-Bertin à Saint-Omer, confia au noviciat de Watten la relique qui, pendant les guerres, avait été mise à l'abri derrière les fortifications de Saint-Omer, et, à cause de cette translation, on la fit authentiquer de nouveau.

Enfin, au départ des Jésuites en 1773, la relique fut confiée à l'évêque de Gand, Govardus van Ersel, et elle resta intacte à l'évêché jusqu'à ce que Mgr Delebecque en détachât quelques cheveux en faveur de la basilique de Notre-Dame de la Treille en 1854. Il en a résumé l'historique dans une pièce munie de son sceau, conservée dans la dite basilique.

» Alphonse de Valbelle, évêque de Saint-
» Omer, maître Dejagher, curé de Bolle-
» zeele, renferma dans ce reliquaire le 23
» mai 1750. Une autre preuve d'au-
» thenticité repose sur une approbation
» donnée et sur l'autorisation accordée en
» cours de visite pastorale à Bollezeele par
» l'Illustrissime François-Joseph, évêque de
» Saint-Omer, le 20 juillet 1755, d'exposer
» les saintes reliques à la vénération des
» fidèles. »

La relique des cheveux de la Sainte
Vierge fut solennellement inaugurée dans la
chapelle des Sœurs de Notre-Dame de la
Treille, le 11 mars 1850, sous la présidence
du Père Guidée, Supérieur des Jésuites de
Lille, qui prêcha à cette occasion et signa
le procès-verbal. Depuis, des personnages
célèbres vinrent la vénérer, notamment,
pour ne citer que ceux qui ne restaient pas
dans le diocèse de Cambrai, Mgr Wicart,
évêque de Laval, Mgr Jean-Mathieu Nakar,
archevêque de Nabk et Kériathim près du
mont Liban, M. l'abbé Cordier (de Tours),

celui même qui reçut de Pie IX les mules et le portrait du très saint Père pour les Religieuses de Notre-Dame de la Treille [1].

La visite la plus illustre fut celle de Sa Béatitude Ignace-Antoine Samhiri, patriarche d'Antioche.

Mentionnons aussi le Père de Ravignan, le grand conférencier de Notre-Dame, mais surtout le R. Père Marie de Rastisbonne, à qui la Sainte Vierge daigna se montrer à Rome et qui, de Juif converti par la célèbre apparition, devint le fondateur des Pères de Sion et des Filles de Sion.

La portion des cheveux de la Sainte Vierge qui est échue aux Religieuses de Notre-Dame de la Treille, est relativement considérable ; la couleur a une tendance vers le jaune très-foncé, même sombre, se rapprochant légèrement des cheveux châtain-clair. Ils paraissent appartenir à la catégorie des cheveux de Marie parvenue à la fin de sa mortelle carrière ; ceux qui sont du premier âge de la Sainte Vierge

1. Voir page 94.

ont une teinte douce, d'un blond tendre qui semble avoir été ondulé.

Longtemps le Père de Ratisbonne tint entre les mains la relique et la contempla, et, quand il sortit de son observation, dont on avait respecté l'émotion et le silence, il dit : « C'est bien cela. »

Ce témoignage, qui s'ajoutait à beaucoup d'autres preuves, contractait des circonstances une valeur exceptionnelle et l'impression qui en résulta chez les témoins de cette scène du 17 octobre 1856, n'était pas oubliée le 12 novembre 1902, jour où l'auteur de cette notice a consulté lui-même les survivantes.

Le Père Marie de Ratisbonne revint ensuite à plusieurs reprises, mais il ne signa que la première fois le livre des Pèlerins conservé à la communauté ; sa signature y figure près de celle de son frère, missionnaire apostolique, et au milieu de beaucoup d'autres, notamment des personnages précédemment cités.

On conçoit la joie des Religieuses recevant non pas quelques tissus d'un vêtement de Marie, mais quelque chose qui avait appartenu à ce corps sans souillure, qui avait couronné le front de la Sainte Vierge, quelque chose que Jésus, son divin Fils, avait touché de ses caresses, mais la joie fut de courte durée dans son expansion extérieure, car les Sœurs apprirent que leur protecteur, le cardinal Giraud, se ressentait gravement des émotions et des fatigues du voyage qu'il avait accompli pour aller consoler Pie IX.

Un mal qui ne pardonne pas minait en effet l'Archevêque de Cambrai.

La terrible nouvelle se propagea dans le diocèse avec une rapidité étonnante et éveilla partout des pressentiments que la mort se chargea de confirmer dans le mois d'avril 1850.

Le veuvage de l'Église de Cambrai ne fut pas long, Mgr Régnier succéda en novembre 1850 ; c'était un pontife d'une haute intelligence et d'une vertu à laquelle amis et adversaires rendaient hommage. Il avait la réputation d'être un administrateur habile et montra dans la suite qu'il était supérieur à ce que la renommée disait de lui.

Comme beaucoup d'hommes distingués, il paraissait, au premier abord, réservé et froid ; puis, quand sa conviction était formée, il se transformait et devenait d'une netteté parfaite pour ou contre les institutions sur lesquelles il avait formulé son jugement.

Cette disposition de Mgr Régnier se traduisit en une dure épreuve pour la Communauté des Sœurs de Notre-Dame de la Treille, contre lesquelles il avait été prévenu ; on lui avait dit, en effet, qu'elles faisaient à Lille, double emploi avec une Congrégation plus ancienne dans la cité, adonnée aux mêmes œuvres, digne de tout intérêt, qui avait dû, pour couvrir des frais de premier établissement, contracter des dettes et compter, afin de les amortir, sur des ressources qu'une concurrence inattendue enlevait partiellement.

Aussi, Mgr Régnier ne se montra nullement disposé à favoriser l'Institut nouveau.

Dans une première visite, il se contenta de ne rien blâmer, et déclara qu'on pouvait continuer comme on avait fait par le passé. Mgr l'Archevêque proclamait bonnes et louables, les œuvres entreprises, mais c'était tout ; pour l'avenir, il se réservait et verrait ce qu'il y aurait lieu d'autoriser.

Ces dispositions du prélat n'étaient pas encourageantes, elles ne tardèrent pas néanmoins à s'améliorer.

Pendant la vacance du siège, les vicaires capitulaires avaient permis, à titre d'essai, une exposition mensuelle du Saint-Sacrement le premier mercredi de chaque mois. Mgr Régnier confirma en février 1851 cette permission qui avait été accordée aux Sœurs de Notre-Dame de la Treille, avec faculté de relever la cérémonie par deux prédications et d'héberger pendant toute la journée les dames qui prendraient part aux exercices de piété.

Ce fut la première faveur obtenue de la

SON ÉMIN. LE CARDINAL RÉGNIER
ARCHEVÊQUE DE CAMBRAI

part de Mgr Régnier et le premier mouvement en retour qu'il effectuait ; il revenait
de loin ainsi qu'il a été dit plus haut.

L'affluence, chaque premier vendredi du
mois, fut considérable et bientôt il vint
à l'administration diocésaine la pensée d'organiser l'adoration perpétuelle dans le diocèse de Cambrai, de telle manière que
chaque église ou chapelle aurait une date
officiellement désignée et serait déléguée
pour représenter le diocèse tout entier
devant le Saint-Sacrement ; cinq années ne
s'étaient pas écoulées que déjà tout ce sys-
tème fonctionnait admirablement.

Seulement, Mgr Régnier maintint aux
Sœurs de Notre-Dame de la Treille leur
privilège, le transportant seulement au
deuxième vendredi, mais y ajoutant un jour
par année.

A ce sujet, il aimait à répéter qu'il était
juste que le foyer où cette dévotion avait
pris naissance, restât allumé.

Au mois de mars 1851, l'Institut accepta
le service de l'hôpital Saint-Roch, à

Wazemmes. Cet hôpital était desservi par une personne séculière et ne comptait que quatre malades. Des agrandissements successifs développèrent l'établissement et des aménagements bien appropriés permirent bientôt de recevoir jusqu'à trente-cinq malades, et de procéder, dans la même enceinte, à des pansements divers en faveur des pauvres qui n'avaient pas besoin d'être hospitalisés.

La reconnaissance dans le quartier desservi par l'hôpital Saint-Roch [1] fut grande, car la population y devenait très dense ; ce

---

1. Les Sœurs de Notre-Dame de la Treille restèrent à l'hôpital Saint-Roch jusqu'à la disparition de cet établissement. Leur dévouement y fut au-dessus de tout éloge, surtout lorsque le choléra, qui avait des préférences pour les quartiers peu aérés, populeux et pauvres, souvent malpropres, sévit de terrible façon à Wazemmes.

On verra aux dernières pages de ce livre, que la Préfecture de Lille crut de son devoir d'adresser, le 10 novembre 1866, un diplôme d'honneur, comme témoignage de la reconnaissance publique à Sœur François-Régis, directrice des Sœurs de Notre-Dame de la Treille, desservant le dit hôpital et rendit hommage à l'héroïsme de leur dévouement.

Ce diplôme fut confirmé par un autre en date du 20 mars 1867, émanant du Ministère de l'État et tendant au même but, c'est-à-dire proclamant les vertus du noble faubourg de Lille, que la ville allait incorporer bientôt, se transformait à vue d'œil et acquérait une importance qui se recommandait à l'attention administrative par le chiffre rapidement grandissant du nombre des habitants.

---

dévouement des Religieuses pendant l'épidémie cholérique.

L'hôpital Saint-Roch devint insuffisant et fut remplacé par l'hôpital Sainte-Eugénie, dont les vastes proportions exigeaient un personnel considérable, trop au-dessus des disponibilités qu'un Institut tout jeune pouvait avoir en réserve et les Religieuses de Notre-Dame de la Treille cédèrent la place à une autre Congrégation.

CHAPITRE SEPTIÈME

Un voyage à Rome. — Les cadeaux de Pie IX. — Un changement de résidence. — Nouvelles épreuves. — Quelques pensées de la Mère Fondatrice. — Fondation de l'Établissement de Valenciennes.

Eₙ novembre 1850, un prêtre résolut de faire le voyage de Rome. La Supérieure générale profita de son obligeance pour offrir, par son intermédiaire, au nom de la communauté, au Souverain Pontife Pie IX, un rochet d'une étoffe très fine ; le rochet était orné d'une riche dentelle ; il avait été confectionné dans la Congrégation.

Le Saint Père, très sensible à cet hommage, voulut exprimer sa reconnaissance et témoigner en même temps de son estime pour l'Institut ; il envoya, en retour, deux médailles à son effigie et deux mules [1] avec

---

1. On appelle mule, une chaussure en étoffe sur laquelle il y a une croix et dont le Pape se sert dans certaines cérémonies. Une mule et les deux médailles sont conservées dans la Maison-Mère, rue d'Angleterre 26, Lille.

lesquelles il avait officié pendant l'Avent.

Ce souvenir de l'illustre et bien-aimé Pontife n'arriva à Lille qu'en 1851 ; en route, il s'était un peu amoindri ; un bon évêque qui partait pour le Canada avait obtenu, à force de sollicitations, de celui à qui le Saint Père avait confié le cadeau, qu'une part lui fût faite et qu'une des deux mules l'accompagnât sur la terre étrangère.

Cependant, à Lille, l'opposition aux Sœurs de Notre-Dame de la Treille, dont il a déjà été question, n'avait pas désarmé, et, à cause de cela, les Supérieurs du Père Vitse jugèrent à propos de l'éloigner ; il fut envoyé à la résidence de Metz.

La séparation fut pénible, le Père Vitse adressa des paroles de consolation à ses filles spirituelles, le 28 novembre 1851, sur le point de partir :

« Soyez humbles, leur dit-il en les quittant, soyez charitables. Vous savez que ce sont les deux vertus que je vous ai si souvent recommandées ; je ne serai plus là pour vous protéger contre les coups qui vous seront envoyés par vos persécuteurs, mais ayez confiance, le bon Dieu vous sou- tiendra ; priez beaucoup ; c'est dans la prière que l'on trouve la force et la patience néces- saires pour supporter l'épreuve ; le bon Dieu ne vous aurait pas permis d'aller si loin pour vous disperser ensuite. Soyez bien soumises à votre Mère et j'espère que si, un jour, je reviens au milieu de vous, je vous trouverai plus avancées dans la per- fection ».

Puis, le Père Vitse donna sa bénédiction et partit. Les Religieuses se réunirent immédiatement après, dans la chapelle où elles avaient, depuis quelque temps, la per- mission de conserver le Saint-Sacrement.

Accablées sous le poids de leur douleur, elles mirent à profit aussitôt les conseils qu'elles venaient de recevoir, et toutes ensemble demandèrent à Jésus-Hostie la force dont elles avaient besoin.

La Mère fondatrice les encouragea et leur fit remarquer que, si les moyens humains échappaient à l'Institut, le bon

Dieu le soutiendrait davantage et montre-
rait par là qu'il veut la Congrégation. Du
reste, ajouta-t-elle, bénissons la main de
Dieu dans l'épreuve comme dans la joie.

Les Sœurs de Notre-Dame de la Treille
ne restèrent pas longtemps orphelines et
M. l'abbé Gobrecht, [1] curé-doyen de la
paroisse Saint-André, fut désigné comme
leur confesseur extraordinaire. Il fut heureux de trouver en elles un si grand esprit

---

1. M. l'abbé Gobrecht, naquit à Bailleul en 1796 ; fut
ordonné prêtre en 1819 ; après avoir été vicaire à Blarin-
ghem et à Dunkerque (Saint-Eloi), il fut nommé curé à
Lederzeele, puis doyen à Gravelines ; il fut installé le 19
mars 1844, comme doyen de la paroisse Saint-André à
Lille.

C'est lui qui fonda le vestiaire des pauvres. Les dames
riches ou aisées se réunissaient chez l'une ou l'autre d'entre elles, pour s'entendre et travailler en commun, en vue
de venir en aide aux indigents.

Il mourut le 15 décembre 1856, emportant les regrets
de toute la paroisse et laissant la réputation d'un homme
de grande distinction et d'un prêtre aussi dévoué que
pieux.

La reconnaissance lui a fait élever, au cimetière, un
très beau monument dont le prix fut couvert et au delà,
par une souscription.

Ce monument est en pierres d'Ecaussines.

M. l'abbé Gobrecht fut chanoine honoraire de la métropole de Cambrai.

de foi et une résignation si complète ; il les félicita.

Du reste, Mère Marie-Joseph se multipliait pour soigner ses filles et leur adressait de nombreuses instructions ; elles étaient toutes marquées au coin du bon sens dans la Foi, pleines de réflexions justes dont le mérite était rehaussé par des expressions comme les grandes âmes en trouvent facilement.

Voici quelques-unes des pensées qui lui étaient plus familières et qui revenaient plus fréquemment.

« Mes filles, réglez votre conduite d'après les vérités éternelles ; regardez comme un grand avantage, d'avoir à souffrir quelque chose injustement ; ne demandez et ne refusez rien (il s'agissait d'emplois à exercer); montrez-vous toujours exactes à observer votre règle, évitant de faire vous-mêmes ce qui vous déplaît dans les autres et attendant la récompense de Dieu qui voit votre cœur. »

« Faites en esprit de charité et d'amour

de Dieu ce qui vous coûte et conformez votre conduite d'après les enseignements reçus au noviciat, mettant toute votre confiance en Dieu et recourant à lui par la prière. »

« Imitez ceux qui vivent saintement et ne regardez pas les défauts des autres ; soyez contentes de la vie commune et considérez comme une grande faveur que Dieu vous accorde,de pouvoir faire quelque chose pour sa gloire et celle de sa sainte Mère. Prêtes à vous sacrifier toujours pour le bien des âmes, allez à Dieu en suivant les inspirations de sa grâce, ne cherchant dans la vie religieuse que la croix de Jésus, sans avoir jamais honte de parler des choses de Dieu aux personnes du monde. »

« Employez utilement tous les moments de la journée, ne vous découragez pas à la vue de vos défauts,mais combattez-les généreusement ; regardez-vous comme les dernières ; recevez de bon cœur les marques d'ingratitude,et,pour avoir une place au ciel, ne faites rien qui puisse nuire à votre âme. »

« L'obéissance, la mortification et l'humilité sont les vertus qui donnent la paix de l'âme, elles sont la source de la vraie joie. »

« N'oubliez pas que c'est Marie qui doit vous conduire à Jésus ; priez souvent saint Joseph d'être pour vous ce qu'il fut pour Jésus et Marie ; demandez à votre ange gardien qu'il vous conduise dans la voie du salut, comme l'ange Raphaël conduisit le jeune Tobie ; enfin soyez des âmes de prières qui, en travaillant au salut des autres, travaillent à plus forte raison à leur perfection religieuse. »

On conçoit quel effet devaient produire de pareilles exhortations qu'animaient encore le feu du regard et l'ardeur des convictions ; ajoutez à cela que Mère Marie-Joseph passait pour être favorisée de grandes clartés dans l'intelligence ; il lui suffisait de parler à une personne une ou deux fois pour pressentir le fond de la pensée et appliquer le remède approprié sur les plaies ou les blessures d'une âme qui souffrait de quelque faiblesse ou de quelque tentation ; aussi sa communauté était-elle fervente malgré l'épreuve et même par l'épreuve.

« Le chemin de la Croix est le chemin du ciel,» disait-elle, et elle y conformait sa conduite, mais les fleurs du Calvaire ne sont pas toutes également sombres ; une des plus amères fut celle que l'administration diocésaine, de nouveau sans doute un peu circonvenue, adressa à la Révérende Mère Supérieure et, par elle, à ses consœurs en leur interdisant complètement le soin des malades. Alors que faire ? l'obéissance ne fut même pas mise en question, mais convenait-il d'accepter encore de nouvelles postulantes ? il s'en présentait malgré tout. La Mère fondatrice n'hésita pas, elle les admit comme par le passé et le travail manuel, promptement et intelligemment organisé, assura les ressources en argent dont la communauté avait besoin pour vivre.

Le Père Vitse qui avait été tenu au courant de toutes les décisions prises et les avait sans doute approuvées dans une correspondance qui malheureusement n'a pas été conservée, eut sur ces entrefaites son changement de résidence, et de Metz où il était, il fut envoyé en mai 1852, à Poitiers. Ce déplacement rendait plus difficile d'avoir son avis, mais la résignation de la Mère fondatrice et de ses Sœurs n'en ressentit aucune défaillance et le mot qui s'échappait des lèvres ne variait guère : « Que sa sainte volonté soit faite. »

On a dit que Dieu intervient communément quand les choses paraissent désespérées, ce fut le cas évidemment et dans ce même mois de mai une consolation inattendue sembla présager des jours meilleurs. M. le vicaire-général Bernard, dans une visite dont il honora les Sœurs de Notre-Dame de la Treille, leur assura que Mgr l'Archevêque n'avait voulu que les éprouver pour s'éclairer à leur sujet ; ses convictions, ajouta-t-il, sont formées et ses dispositions sont très-favorables. La preuve suivit de près ; des dames de Valenciennes, désireuses d'avoir des gardes - malades, s'étaient adressées à la Congrégation, et Mgr l'Archevêque, consulté par la Supérieure générale, répondit d'une manière très-bienveillante, accorda l'autorisation nécessaire et ajouta la permission de soigner les malades, non-seulement à Valenciennes, mais de plus à Lille, à la seule condition qu'on se bornerait à ces deux villes, en attendant d'autres extensions. La Sœur Josaphat, désignée pour Valenciennes avec cinq autres Religieuses, ouvrit l'établissement qui fonctionna d'abord dans des conditions de logement assez modestes, et se fixa bientôt d'une manière définitive dans l'immeuble encore occupé de nos jours.

IL entrait dans le plan de la Providence que l'Institut naissant servît de berceau à des œuvres et les abritât d'abord ; manifestement, elles ne pouvaient pas toutes rester et se développer à l'aise là où elles étaient nées, elles se seraient nui l'une à l'autre par le nombre et par leur développement ; mais pour beaucoup, il suffisait d'avoir traversé l'enfance des premières années, de s'être essayées à la vie, d'avoir triomphé de la période de début, d'avoir vaincu la défiance qui accueille et si facilement décourage tout ce qui commence.

Avoir vécu semble pour les œuvres un droit à vivre encore, et le temps, loin de les détruire, les fortifie, les consacre, les recommande à toutes sortes de bienveillances ; il finit parfois par leur assurer la prospérité.

Indépendamment de l'hôpital Saint-Roch et de l'établissement de Valenciennes, il y avait déjà cinq œuvres auxquelles la Mère fondatrice et ses Sœurs avaient pris part.

1° C'était d'abord l'œuvre des églises pauvres dont il a été question au commencement de cette histoire et qui se propagea dans tout le diocèse de Cambrai.

2° C'était ensuite l'adoration perpétuelle dont nous avons suivi l'évolution.

Il nous reste à entretenir le lecteur de trois autres œuvres : celle des servantes, celle des mères de famille et celle des mères chrétiennes.

3° Les dangers qui attendent et semblent guetter les servantes, dans une grande ville où le naufrage de la vertu est si facile, sont fort divers et nombreux, et il importe que ces pauvres filles soient enrôlées dans un groupement qui les protège. On les réunissait à jour et à heure fixes, une prédication, bien appropriée, leur rappelait leurs devoirs et les prémunissait contre les séductions du mal ; puis, des dames patronesses se mettaient à la disposition de celles qui avaient besoin de soutien ou qu'un caprice, suivi de colère, privait de tout asile. La pensée qui animait toute cette organisation était magnifique. Commencée le 6 juin 1850, cette œuvre fut transférée, déjà prospère, en 1860, chez les Filles de l'Enfant-Jésus.

4° Des mères de famille eurent, en 1849, l'idée de s'entendre et d'agir de concert pour favoriser et encourager la bonne éducation des enfants du peuple ; mais pour aboutir à la réalisation de ce plan, il fallait un local, de préférence une chapelle où il serait facile de recevoir des lèvres d'un prêtre quelques avis et quelques conseils ; il est si bon, du reste, de se voir, de se rapprocher quand on travaille pour le bien ; il est si bon de prier ensemble dans une communauté de sentiments pour le succès commun. La chapelle des Sœurs de Notre-

Dame de la Treille accueillit cette œuvre des mères de famille qui ne s'adressait qu'à la classe laborieuse, déshéritée des biens de la fortune, mais généralement honnête dans ses aspirations quand elle n'est pas victime de meneurs sans foi ni loi, embrigadés pour le mal. Peu après cependant, les dames de haute et riche société voulurent, elles aussi, avoir leur réunion.

5° On était dans cette période agitée qui suivit la loi de 1850 consacrant la liberté de l'enseignement secondaire.

L'opinion publique s'était émue et avait suivi avec émotion les débats si passionnants que des orateurs, comme Lacordaire, de Montalembert, Mgr Parisis et tant d'autres avaient enveloppés de leur talent oratoire et des vrais accents du génie.

Sans doute, on avait fini par conquérir la reconnaissance officielle du principe de la liberté, mais de là à la réalisation et à l'ouverture des collèges il y avait loin ; que de choses restaient à faire, que d'obstacles à vaincre ! Tout manquait, bâtiments, ressources financières, professeurs. Et les élèves eux-mêmes viendraient-ils assez nombreux pour couvrir les frais ordinaires d'un budget ? On est si défiant contre tout ce qui débute !

Cependant, il fallait marcher sous peine de perdre dans un long stationnement le bénéfice de tant d'efforts ! Il était nécessaire, indispensable que Lille donnât l'exemple de l'élan et favorisât par quelque encouragement toutes les initiatives privées ; les collèges ecclésiastiques dans le Nord étaient rares, il importait de les multiplier, d'étendre leur action.

L'œuvre des mères chrétiennes, identique pour l'objectif principal, c'est-à-dire l'éducation chrétienne des enfants, à celui des mères de famille, naquit des circonstances et s'adressa aux classes aisées ; elle choisit, comme lieu de réunion, la chapelle de l'Institut qui fut gracieusement mise à la disposition des dames organisatrices. M. le Vicaire général Bernard qui, de loin, avait été l'inspirateur de l'œuvre des mères

chrétiennes, témoigna sa reconnaissance
aux Religieuses de Notre-Dame de la
Treille en leur envoyant une relique de
saint Macaire.

Le Père Théodore de Ratisbonne, missionnaire apostolique, installa, en janvier
1853, l'Association qui fut fertile en grandes
choses et en résultats très-consolants.

Le P. Vitse eut, vers cette époque, un changement de résidence et, de Poitiers où il était,
il vint à Amiens. La Mère fondatrice profita
de ce rapprochement pour aller, avec une
consœur, l'entretenir de tout ce qui s'était
passé depuis les premiers jours de l'exil ;
sans doute, une correspondance régulière
l'avait déjà mis au courant des principaux
événements, mais quelques entretiens étaient
de nature à compléter ce qu'il avait déjà
appris et lui permettraient de donner des
conseils en parfaite connaissance de cause ;
puis la conversation met en relief le côté
saillant des affaires, toute une physionomie
que des lettres effleurent à peine. Enfin, la
Mère fondatrice désirait se recueillir dans

une retraite que dirigerait le Père Vitse.

Les Religieuses de la Sainte Famille eurent l'obligeance de l'héberger ainsi que sa compagne ; elles les accueillirent avec l'urbanité naturelle à la charité, et elles passèrent six jours entiers dans· des exèrcices de piété qui n'étaient interrompus que rarement.

Les heures de tristesse s'écoulent lentement, celles de joie vont toujours vite, dit-on : ce fut l'impression qu'eurent les deux voyageuses quand il fut temps de retourner à Lille. Au couvent, toutes les Sœurs étaient impatientes ; il y eut fête quand la cloche annonça le retour de la Mère Marie-Joseph qui se hâta de réunir ses filles, de leur distribuer des nouvelles du voyage et de leur dire de la part du Père Vitse : « Courage, le bon DIEU a ses desseins dans les épreuves, et l'épreuve de mon éloignement tournera à l'affermissement de la Congrégation. »

L'horizon devenait plus serein à mesure qu'on avançait.

En juillet 1853, Mgr Régnier accorda

définitivement à l'Institut la permission de soigner les malades partout où l'on solliciterait les services des Religieuses.

L'année suivante, le Père Vitse fut désigné pour prêcher la retraite annuelle : on conçoit avec quelle sainte joie il fut accueilli par ses filles spirituelles ; rarement retraite fut mieux suivie et porta des fruits plus abondants.

Une autre consolation allait être ménagée par les voies les moins ordinaires. La ville de Lille voulut célébrer d'une manière digne d'elle la fête séculaire de sa patronne Notre-Dame de la Treille.

On se mit à l'œuvre dans toute la cité trois mois à l'avance, des listes de souscription circulèrent, elles eurent plein succès ; le conseil municipal accorda un subside de dix mille francs [1], une loterie

---

1. Ce subside fut voté sur la proposition de M. Richebé, maire, pour affirmer la participation officielle de la cité aux fêtes célébrées en l'honneur de sa patronne.

Les pauvres ne furent pas oubliés, les organisateurs avaient posé en principe qu'une abondante distribution de secours leur serait faite.

apporta un bénéfice net de près de trente mille francs, ce fut de toutes parts un élan de ferveur extraordinaire qui détermina un entrain comme il ne s'en était vu depuis longtemps ; toute la communauté des Religieuses de Notre-Dame de la Treille fut mise à la disposition de l'organisateur, M. l'abbé Cappelle [1].

Guirlandes, fleurs, bannières dont quelques-unes étaient d'une richesse inouïe, ornements, costumes de tout genre furent confectionnés dans le couvent par les Sœurs qui rivalisaient entre elles pour mieux se dévouer à la glorification de Celle dont elles aimaient à propager le culte, de l'illustre patronne de Lille, cité de la Vierge, sous le vocable de laquelle elles sont placées ; les jours n'étaient pas assez longs pour tant d'ardeur, on prenait sur le sommeil, la Mère fondatrice donnait l'exemple et quand on lui disait qu'elle ne prenait pas assez de

---

1. M. l'abbé Cappelle est l'auteur du livre intitulé : *Vie de Mgr Giraud ;* il devint curé-doyen de la paroisse Saint-Géry, à Valenciennes, et publia aussi l'histoire des fêtes du jubilé séculaire de Notre-Dame de la Treille.

repos, elle répondait que les membres de sa communauté devaient se dévouer plus que les personnes du monde.

Une question cependant se posait : « Le Père Vitse assisterait-il à la fête ? » D'Amiens, il avait dû se rendre à Paris, et, à cette distance, son nouveau supérieur serait-il suffisamment renseigné sur la part si active prise autrefois par son subordonné en vue de ressusciter à Lille et d'étendre au loin le culte de la patronne de Lille [1] ?

Enfin, une lettre arriva ; hélas ! quelle déception ! La permission demandée était refusée !

Grande était la désolation des Sœurs et cette désolation était partagée par bon

---

[1]. Non-seulement le Père Vitse avait beaucoup aidé au relèvement du culte de Notre-Dame de la Treille en s'associant aux efforts de zèle de M. Bernard, puis en fondant une Congrégation sous ce vocable, mais il publia en 1843 un ouvrage qui faisait connaître les origines et les progrès de la dévotion dont on voulait provoquer un nouveau et complet développement.

Cet ouvrage dont le plan avait été tracé par M. l'abbé Bernard lui-même fut le prélude d'une œuvre définitive que le dépouillement des archives et des recherches considérables permirent à Mgr Hautcœur d'éditer en l'an 1900.

nombre de personnes quand on apprit soudain que non-seulement le Père Vitse serait de la fête mais que de plus il était déjà à Lille ! Et c'était exact ! Son Supérieur, mieux informé, était revenu sur sa première décision, il avait permis le voyage que d'abord il n'avait pas autorisé, et le Père, craignant peut-être qu'on ne fît machine en arrière sous quelque prétexte et qu'on ne revînt sur une décision qui lui agréait beaucoup, sachant du reste qu'il n'avait pas de temps à perdre s'il voulait arriver en temps utile, avait profité du premier train à destination du Nord et il était descendu à Lille presque en même temps que la poste remettait sa lettre.

Son premier soin fut d'aller saluer ses confrères ; il se rendit donc à la résidence des Pères Jésuites et de là au couvent des Religieuses de Notre-Dame de la Treille.

Seulement, sur le parcours, il avait été reconnu, accosté par bien des personnes heureuses de le revoir, c'était à qui lui parlerait, le saluerait d'un mot de bienvenue, il ne pouvait aisément se soustraire à cette espèce d'ovation spontanée qui lui était adressée ; d'autre part il avait hâte de réparer l'effet troublant de sa lettre ; alors M. Fiévet, qui lui avait serré la main, accepta de prendre les devants et d'aller expliquer tout le mystère. Cette circonstance permit de faire quelques préparatifs pour une réception plus solennelle, et pour une réunion plénière des membres de la Communauté ; la présence du Père Vitse fut d'autant plus agréable qu'elle avait été inespérée.

CHAPITRE NEUVIÈME

2 Juillet 1854. — Sœur Ste Ignace.
— Le Père Vitse à Lille. — Œuvre
des collèges. — Œuvre pour étrangers, M. l'abbé Bécuwe. — Enseignement primaire. — Acquisition
d'un immeuble.

LES neuf jours qui suivirent les événements racontés dans le chapitre
précédent, furent des jours d'immense édification : les églises de Lille étaient, matin
et soir, remplies par une foule pieuse qui
venait entendre la parole de Dieu avec
d'autant plus d'empressement qu'elle était
distribuée par des orateurs qui, comme le
Père Souaillard et Mgr Dufêtre, Évêque
de Nevers, encadraient dans leurs paroles
tous les secrets de l'éloquence populaire,
toutes les finesses d'esprits éminents et
toutes les ardeurs d'une onction qui savait
trouver de sublimes soudainetés [1].

---

1. Le Souverain Pontife Pie IX avait accordé un jubilé
qui devait durer depuis les premières vêpres du 25 juin
jusqu'au soir du 2 juillet.

L'armée elle-même se mettait de la partie sous l'impulsion du Colonel, Comte de Clonard [1], et organisait un chœur militaire. C'était la fièvre d'un enthousiasme que la foi animait.

Un écrivain qui nous a laissé l'histoire détaillée des fêtes jubilaires de Lille, M[r] l'Abbé Cappelle [2], s'excuse, bien qu'il y ait consacré tout un volume, de ne pouvoir dépeindre la marche triomphale qui, le 2 juillet 1854, se déroula dans les rues de Lille et compta dans ses rangs près de huit mille personnes [3]; le défilé dura cinq quarts d'heure ; la fête fut magnifique au-delà de

---

1. Le Colonel, Comte de Clonard, fut nommé général peu après; il passait pour un officier très distingué.

2. Voir note à son sujet page 112.

3. Douze Pontifes assistaient à la cérémonie. C'étaient : Mgr Régnier, Archevêque de Cambrai ; le Cardinal Gousset, Archevêque de Reims, qui rappelait par-sa présence les plus antiques souvenirs de Lille. Jusqu'au milieu du XVIe siècle en effet, la Flandre française ressortissait en grande partie à Reims comme métropole, à Tournai comme diocèse. L'Évêque de cette ville achevait de personnifier ces souvenirs. Mgr Parisis, Évêque d'Arras, complétait auprès de Mgr Régnier la province actuelle de Cambrai. Il y avait encore Mgr Dufêtre, Évêque de Nevers ; Mgr Palu du Parc, Évêque de Blois ; Mgr Malou,

toute expression ; les Sœurs de Notre-Dame de la Treille figurèrent en un rang distingué ; elles avaient, du reste, été convoquées d'office la veille du grand jour ; lorsque la pose de la première pierre de la basilique avait eu lieu, on avait voulu que leur bannière y parût à une place d'honneur.

Il n'est si beau jour qui ne puisse avoir un triste lendemain ; et en effet l'Institut eut la douleur de perdre, le 3 juillet, une Sœur du nom de Saint-Ignace. Elle était très-bonne, très-dévouée, elle paraissait destinée par ses rares qualités à exercer autour d'elle une influence considérable ; sa Supérieure l'avait en haute estime ; aussi

Évêque de Bruges ; Mgr de Montpellier, Évêque de Liège.

Les Prélats originaires de Lille ou du diocèse méritent une mention à part. C'étaient : l'Évêque de Gand, Mgr Delebecque, né à Warneton, France ; l'Évêque de Fréjus, Mgr Wicart, ancien Doyen de Sainte-Catherine ; l'Évêque de Soissons, Mgr de Garsignies, d'une famille lilloise bien connue ; l'Évêque de Saint-Denis de la Réunion, Mgr Desprez, depuis Cardinal et Archevêque de Toulouse.

(Extrait de l'*Histoire de Notre-Dame de la Treille*, Patronne de Lille, par Mgr Hautcœur.)

Mère Marie-Joseph fut-elle très-émue de cette mort prématurée ; mais résignée comme toujours à la volonté de Dieu, elle accepta, sans murmure, le deuil de la séparation ; seulement elle avait pris ses précautions pour tirer le bien du mal, et certaine qu'elle avait dans sa consœur une âme d'élite qui ne s'illusionnait pas sur la gravité de son état, elle s'était entendue avec elle, quelques heures avant le décès, pour qu'elle fît entre les mains de Dieu le sacrifice parfaitement consenti de sa vie, à l'effet d'obtenir que le Père Vitse pût rester à Lille.

Sa prière fut-elle exaucée, ou bien y eut-il une simple coïncidence ? Toujours est-il que le Père Vitse faisait ses préparatifs de départ et se disposait, après les fêtes terminées, à rejoindre son poste et à retourner à Paris, lorsque, brusquement, sans aucun avis préalable et contrairement à toute prévision, il reçut l'ordre de rester à Lille et de se rattacher à la résidence qui se trouvait dans cette ville.

Ainsi le fondateur était rendu à la communauté, mais cependant il n'était rendu qu'imparfaitement, car son Supérieur à Lille fut, surtout dans les premiers temps, très-sévère pour les autorisations à accorder et ne lui permettait que rarement d'aller jusqu'au couvent, même pour la direction d'exercices de piété.

Cependant le bon Dieu bénissait visiblement la Congrégation ; ce n'était plus seulement pour les malades et pour les hospices qu'on demandait des Sœurs, mais pour les Collèges où elles devaient remplacer près des jeunes enfants les mères absentes, veiller partout à l'hygiène et à la propreté, assurer aux élèves ces petites attentions qui sont si appréciées et si précieuses loin de la famille. Quelques prévenances ont une saveur spéciale pour les étudiants qui ont quitté le toit paternel, pour ceux surtout qui accomplissent le premier pas dans la vie du collège.

Le succès des établissements d'enseignement qui ont des internes, dépend en partie de la manière dont les soins matériels sont accordés.

Il serait fastidieux de détailler dans une histoire générale toutes les fondations particulières ; on trouvera du reste, dans les dernières pages de ce livre, une nomenclature de celles qui ont survécu ; il nous suffira d'ajouter quelques mots sur des œuvres qui ont reçu aide et abri à la Maison-Mère elle-même, ou qui ont eu un caractère tout particulier d'importance.

M. l'Abbé Bécuwe, Aumônier de l'Hospice Comtesse, commença, le 21 décembre 1854, l'œuvre dite des langues étrangères.

Lille comptait dans sa population flottante beaucoup d'Anglais et d'Allemands ; tantôt c'étaient leurs affaires commerciales qui les amenaient, plus souvent c'étaient des exigences de quelque éducation particulière. Les riches familles voulaient apprendre à leurs enfants, sans qu'il leur en coutât grand effort, les langues étrangères les plus employées dans leur voisinage, et elles prenaient à leur service des servantes chargées de parler anglais ou allemand aux jeunes intéressés, et de les habituer, à leur insu, même en guise de récréation, à la prononciation et à toutes les difficultés que l'usage résout.

Tous ces étrangers et toutes ces étrangères ne séjournaient généralement pas assez longtemps à Lille pour se familiariser avec la langue française ; il s'en suivait que les instructions paroissiales leur étaient inutiles et que ces personnes étaient presque abandonnées au point de vue des intérêts religieux.

M. l'Abbé Bécuwe résolut de remédier à cette situation. Linguiste très-remarquable, il parlait plusieurs langues avec beaucoup d'aisance et en comprenait plusieurs autres.

Il organisa des prédications allemandes et anglaises qui eurent lieu d'une manière régulière et dont il fit lui-même à peu près tout le service ; elles furent très-suivies.

C'est quelque chose, quand on est loin de son pays, d'en entendre le langage ; on dirait un reflet de la patrie et rien que cela, indépendamment d'autres préoccupations plus sérieuses qui concernaient les âmes, assurait aux réunions de M. l'Abbé Bécuwe une vogue qui grandit sans cesse jusqu'au jour où ce prêtre, aussi savant que pieux, paya son tribut à la mort, léguant une succession difficile qu'il fallut diviser pour la maintenir entière. L'œuvre des Allemands fut transportée chez les Pères du Sacré-Cœur et celle des Anglais resta affectée à son lieu d'origine, c'est-à-dire à la chapelle des Sœurs de Notre-Dame de la Treille.

Cependant, la réputation de la Congrégation s'étendait, et, de différents côtés, on s'adressait à elle pour avoir des institutrices.

On songea donc à donner une impulsion aux études profanes ; malheureusement, la Religieuse à qui cette tâche incomba, mourut prématurément.

Une demoiselle laïque, ancienne élève du Sacré-Cœur de Lille, s'offrit pour remplacer la défunte ; ses services furent acceptés, et ils furent très-appréciés pendant les cinq mois qu'elle consacra à cette mission, mais un deuil qui frappa sa famille, l'empêcha de continuer et une autre demoiselle, laïque aussi, lui succéda. Cette nouvelle directrice d'études n'était pas pieuse ; on l'avait prise presque à regret et on s'aperçut bien vite qu'elle avait une tendance vers le Jansénisme ; on la remercia. Elle avait été admise au couvent, comme enseignante, sur la recommandation d'une Sœur affiliée ; Mgr l'Archevêque de Cambrai, qui avait daigné examiner lui-même cette affaire, décida peu de temps après qu'il n'y aurait plus désormais de Sœurs affiliées, et que les anciennes, sauf celle qui avait été l'introductrice de la Janséniste, pourraient devenir, s'il leur plaisait, Sœurs internes à l'égal des autres ; il y avait déjà longtemps que l'administration diocésaine méditait cette transformation, et elle profita d'une circonstance pour appliquer une mesure en principe arrêtée depuis plusieurs mois.

Un autre désir poursuivait Mgr l'Archevêque ; il en parlait à chaque visite. Il lui semblait qu'il était devenu indispensable pour la Congrégation d'avoir son immeuble, d'être chez elle ; le projet était beau, mais l'exécution était difficile ; de la coupe aux lèvres, il y a loin parfois, raconte l'adage ; les ressources financières, ce nerf de la guerre, manquaient ; puis les propriétés convenables étaient rares, surtout sur la paroisse Sainte-Catherine où l'Institut était né et sur le territoire de laquelle bien des souvenirs l'attachaient.

Une croisade de prières fut entreprise pour triompher de tous les obstacles ; cette fois encore, la foi accomplit des prodiges et l'emporta.

La Providence, dont la bonté ne se lassait pas à l'égard du nouvel Institut, suscita des ressources inespérées qui permirent d'acquérir une vaste maison avec jardin clôturé et deux autres bâtiments appartenant au même propriétaire, rue d'Angleterre.

La vente fut effectuée le 29 avril 1857, et, le 2 juillet suivant, jour anniversaire, à douze ans d'intervalle, de sa fondation, la communauté des Sœurs de Notre-Dame de la Treille assista à la bénédiction solennelle de deux salons contigus, convertis en chapelle et la Messe d'action de grâces y fut célébrée par M. le Doyen de la paroisse Sainte-Catherine.

Cependant, le Chemin de Croix ne fut posé que plus tard, quand les travaux d'aménagement qui étaient en cours d'exécution furent terminés.

CHAPITRE DIXIÈME

Autorisation officielle de la Congrégation. — Démission de la Supérieure Générale. — La Fondatrice à Valenciennes.

L'INSTITUT était donc devenu propriétaire d'un spacieux terrain et d'un immeuble. Il avait désormais des garanties de stabilité.

On crut que le moment était venu pour lui faire conférer une existence légale ; une demande à cet effet fut introduite ; le conseil municipal de Lille, consulté par le gouvernement, émit un avis favorable et l'empereur Napoléon III, par un décret du 13 mars 1858, approuva la Congrégation des Sœurs de Notre-Dame de la Treille avec reconnaissance de Supérieure générale.

Toutes choses semblaient tourner au mieux, quand la Providence ménagea une terrible épreuve.

L'histoire prouve combien il est fréquent

que les fondateurs et les fondatrices des Ordres religieux ou d'associations semblables, ont pour partage un lot extraordinaire de souffrances. Pourquoi cela ? sans doute la bonté divine veut par là ajouter à leur sainteté en l'épurant ; peut-être aussi est-il utile que l'exemple de l'humilité la plus délicate, exercée dans les circonstances les plus difficiles, plane dès l'origine des associations religieuses sur toute la suite de leur existence, pour l'encouragement des uns et la confusion des autres. Et puis, il se forme un trésor commun de mérites et il importe qu'il soit tout d'abord bien riche, bien alimenté et qu'il ait de quoi rejaillir pendant de longues années sur ceux et sur celles qui auront un droit spécial pour venir y puiser.

Que se passa-t-il à l'Institut ? nous ne le savons pas d'une manière exacte. L'administration de la Mère fondatrice penchat-elle vers quelque sévérité ? vers quelques froideurs ou préférences inconscientes ? Des Religieuses en contractèrent-elles un peu d'ombrage ? Des plaintes, portées en haut lieu, furent-elles écoutées avec trop de clémence ? N'y eut-il même pas une ambition qui se remua, espérant pour elle-même les honneurs d'un pouvoir que les Saints redoutent au lieu de le convoiter ? Quoi qu'il en soit, on apprit un jour à la communauté, qu'on allait procéder à une élection de Supérieure générale.

Immense fut la désolation, les larmes dirent à leur façon en quelle estime était tenue la Sœur Marie-Joseph, les votes le proclamèrent aussi le 2 février 1859 ; car une majorité de voix, toute voisine de l'unanimité, déclara qu'aucun changement n'était désiré, mais M. le vicaire-général Bernard qui présidait, fit connaître, au nom de Mgr l'Archevêque, que la Supérieure générale avait démissionné entre les mains de Sa Grandeur, et que par suite, elle n'était plus éligible, la démission ayant été agréée.

L'humilité recherche les abaissements ; en principe, elle a raison ; en fait, elle peut avoir tort lorsque, en recherchant les abais-

sements, elle compromet des intérêts gra-
ves, favorise des plans ambitieux et ne se
défend pas comme il convient près de qui
de droit ; on peut avoir eu des torts, même
sans trop les remarquer, et on peut les
réparer; on peut aussi s'expliquer en temps
opportun et éclairer les Supérieurs sur les
précautions que l'on prendra à l'avenir.

La Mère Marie-Joseph n'avait peut-être
pas suffisamment réfléchi à ces vérités, en
prenant une détermination si grave, et avide
d'offrir un sacrifice dur pour le bénéfice de
sa Congrégation, convaincue d'autre part
qu'une autre administration serait plus
habile que la sienne, elle s'était décidée à
une retraite volontaire à laquelle personne,
au fond, ne s'attendait malgré des bruits
divers qui avaient circulé et dont on avait
entendu l'écho sans y prêter sérieuse attention.

La parole officielle de M. le vicaire-
général demeura sans réplique possible, il
fallut se résigner, mais DIEU déjoua les cal-
culs; et la pluralité des suffrages se porta en

faveur de Sœur Josaphat qui, ayant été
réélue plus tard, gouverna la Congrégation
pendant environ neuf années consécutives :
de 1859 à 1868.

La Supérieure Josaphat était sûrement
une personne recommandable, très-digne,
mais Celui qui juge les cœurs était-il
satisfait des tiraillements qui s'étaient pro-
duits,qui auraient été étouffés dans le germe
si toutes les bonnes volontés s'étaient affir-
mées avec énergie dès le début ?

On peut en douter, car des mesures imposées rendirent les vocations plus rares,
la Congrégation vit pendant quelque temps
le chiffre de ses membres fléchir graduellement.

Quant au Père Vitse, il n'était plus que
l'ombre de lui-même, une lueur de ce qu'il
avait été. Cet homme de puissante intelligence, d'un jugement sûr, s'était affaissé ;
les douleurs de l'exil, plus encore que le
poids de l'âge, l'avaient déprimé; il se laissa
circonvenir dans l'affaire du changement
de la Supérieure générale, et il usa près de

l'autorité ecclésiastique de ce qui lui restait d'influence pour appuyer dans le sens d'une modification à intervenir.

Ce fut sous l'administration de la Supérieure Josaphat que furent décernés aux Religieuses de Notre-Dame de la Treille deux diplômes d'honneur, qui ont été signalés plus haut dans une note, page 92, à l'occasion de l'hôpital Saint-Roch. Le premier date du 10 novembre 1866 et émane de la Préfecture de Lille, le second, confirmant le précédent, est signé du Ministre luimême qui, le 20 mars 1867, se fait un devoir de rendre hommage aux vertus de noble dévouement que les Sœurs avaient fait éclater durant l'épidémie du choléra, dans l'hôpital confié à leurs soins.

La Sœur Marie-Joseph fut nommée Supérieure locale (rue de Paris), à Valenciennes et ne tarda pas à se rendre à la résidence qui lui était attribuée.

La séparation fut pénible, très-dure ; il y eut dans son cœur de ces acceptations capables d'attirer des bénédictions qui contrebalancent le poids néfaste de bien des fautes commises.

Les Religieuses de Valenciennes rivalisèrent de respects et d'égards pour bien recevoir Sœur Marie-Joseph et pour lui obéir jusque dans les moindres détails ; quant à elle, dès que, sur les lèvres de ses consœurs, elle surprenait des paroles qui, de près ou de loin, contenaient quelque allusion au passé et semblaient blâmer la révolution opérée dans la haute administration de la Congrégation, elle avait soin de réprimer aussitôt, mais doucement, ces manifestations de dévouement, d'après elle inopportun, et elle rappelait que la volonté divine se manifeste dans les événements et qu'il est nécessaire de l'adorer en toutes choses.

L'Institut conserve quelques lettres qu'elle écrivit en 1859 ; elles sont admirables de simplicité, de piété.

Sœur Stanislas avait, plus que toute autre, souffert de la démission et du départ de la vénérée fondatrice et lui avait écrit à l'occasion de sa fête, célébrée le 19 mars ; elle avait, de plus, sollicité quelques paroles de consolation.

« Allons aux pieds de Jésus crucifié, lui répondit Sœur Marie-Joseph, et là nous trouverons du courage et de la patience. Quand on comprend bien le prix des peines, le bon Dieu adoucit les larmes, et y met tant de baume qu'on ne voudrait pas ne pas les avoir versées. »

A la Sœur Maria, qui lui avait présenté des souhaits de bonne fête la même année, elle répond : « Je désire que vous soyez toujours fervente, bonne, humble, petite, gaie, obéissante, charitable ; ne vous découragez jamais ; le découragement vient du démon. Le coquin ! il cherche toujours à nous enlever le mérite de nos sacrifices... il faut boire le calice avant d'aller au ciel, c'est pour cela qu'il passe de temps en temps de gros nuages : ce sont des giboulées de mars ; le temps s'écoule vite et si nous portons bien notre chandelle, nous irons en paradis ; courage, chère enfant, aimons beaucoup les croix, embrassons-les et disons comme saint André : « O bonne croix, que je vous aime ! car vous me rappelez mon bon Jésus. »

Perdre sa vocation par imprudence est un des plus grands malheurs qui puissent frapper une Religieuse ; elle se prive par là des grâces d'état que Dieu lui réservait et du mérite qui aurait rejailli sur son âme par le bien qu'elle aurait accompli ; Sœur Marie-Joseph s'effrayait à cette pensée, car quelques défections s'étaient produites : « La couronne est due à la persévérance, » écrit-elle à la Sœur Stanislas en la fête » de l'Assomption 1859 ; tout passe ; heu- » reux, celui qui aura son passe-port bien » signé, et quand saint Pierre nous deman- » dera de la part de qui nous nous présen- » tons, il faut que nous puissions répondre : » de la part de la persévérance dans notre » vocation à la vie religieuse. »

La Sœur Maria, maîtresse des novices, n'obtenait pas toujours le résultat qu'elle désirait, cela se comprend ; mais l'étrange, c'est qu'elle se l'attribuait à elle-même et elle avait besoin, disait-elle dans une lettre, de se convertir.

« Vous avez besoin, répond Sœur Marie-Joseph, non de vous convertir, mais de remonter votre pendule et de vous encourager, de fortifier votre âme pour remplir votre charge qui est la plus douce et en même temps la plus difficile ; former de jeunes cœurs à la vie religieuse, c'est parfois un peu âpre, mais on s'encourage quand on pense que l'on prépare à Jésus des épouses, des vierges qui le suivront partout, en chantant le cantique que les vierges seules pourront chanter pendant l'éternité. »

Que penser d'une pareille littérature ? Les grandes âmes rendent un son qui leur est propre et qui est inimitable jusque dans l'expression.

Une chose cependant était pénible à Valenciennes, c'est que la chapelle ne possédait pas habituellement le Très-Saint Sacrement, et cette privation était très dure pour Sœur Marie-Joseph. C'était là, c'était près du Saint-Sacrement qu'elle avait aiguisé son courage et trempé son énergie lorsqu'elle avait quitté le berceau de son Institut et qu'elle avait ressenti en elle quelque chose des amertumes de Marie au pied de la Croix, mais la divine Providence qui frappe et guérit, se chargea de procurer la suprême consolation désirée. Mgr l'Archevêque, de passage à Valenciennes, honora Sœur Marie-Joseph d'une visite et, sur sa demande, accorda l'autorisation tant désirée.

Cependant son humilité n'était pas encore satisfaite, elle était descendue du premier rang sans doute; mais elle vaquait encore à un emploi de Supérieure locale qui lui valait honneurs et considération. Que ne pouvait-elle être reléguée au rang de simple Sœur, n'avoir qu'à obéir, ne porter aucune responsabilité ? Tous ses désirs seraient alors comblés ! Le rêve était trop généreux pour que la bonté divine ne lui permît pas de le réaliser, et puis, au début d'un Institut, Dieu s'arrange, comme il a été remarqué plus haut, de manière qu'une réserve de mérites se fonde. Alors elle projette son effet au loin, jusque sur toute une Congrégation, sur une longue durée, sur de nombreux membres et cela, dans des proportions dont la miséricorde divine sera juge?

Sœur Marie - Joseph souffrait depuis longtemps de certaines infirmités ; autrefois elles étaient seulement gênantes, mais elles accentuaient les douleurs à mesure que l'âge avançait. Pour ce motif, elle demanda d'être relevée de ses fonctions, sous prétexte qu'elle n'était plus en état de les remplir dignement. La Supérieure générale accéda à sa demande, et la voilà devenue simple Sœur ! Oh ! que ce changement qui aurait tant coûté à d'autres âmes, lui plut ! Obéir à celles à qui elle avait commandé, obéir dans cette même Congrégation qu'elle avait fondée et qu'elle avait régie presque souverainement, obéir dans cette maison de Valenciennes dont elle avait été la Supérieure, être rangée, pour ainsi dire, parmi les dernières, c'était si bon ! mais était-ce très-honorable pour l'Institut ? M. le Doyen de la paroisse Saint-Géry de Valenciennes [1] ne le pensa pas, et lorsque, en mars 1868, Sœur Marie des Anges fut nommée Supérieure générale, M. le Doyen profita de cette circonstance pour exprimer sa conviction qu'il ne convenait pas de laisser une fondatrice dans le rang trop modeste qui lui était échu.

Grâce à cette intervention, Sœur Marie-Joseph dut sortir de l'ombre qui lui plaisait beaucoup, et au bout de six années consacrées à la vie obscure, reparaître comme Supérieure de la Maison de Valenciennes. Il lui fut pénible, très-pénible d'accepter ce changement : mais, voyant en tout la volonté de Dieu, elle se résigna et demeura jusqu'au mois d'août 1873, dans la fonction qui lui avait été imposée.

---

1. Mgr Lasnes, actuellement archiprêtre, curé-doyen de la paroisse Saint-Maurice, Lille.

CHAPITRE ONZIÈME

Supériorat de Mère Notre-Dame des Anges. — La guerre de 1870-71 ; les Sœurs organisent une ambulance. — Œuvre des institutrices et des demoiselles de magasin. — Une propriété régularisée. — Les Religieuses au collège de Tourcoing.

PENDANT cette longue période de la vie de Mère Marie-Joseph, de terribles événements, extérieurs à la communauté, s'étaient déroulés en France. Il convient d'y jeter un coup d'œil.

L'empereur Napoléon III avait été, dans sa jeunesse, affilié aux sociétés secrètes d'Italie, néanmoins il débuta dans son règne par favoriser la religion ; il comprenait d'instinct que les peuples qui périssent, meurent souvent par famine de vérités religieuses.

« Il est temps, avait-il dit dans une proclamation célèbre adressée au peuple français, que les méchants tremblent. »

Ils ne se contentèrent pas de trembler,

ils organisèrent contre Napoléon III des complots qui lui inspirèrent frayeur pour sa vie ; il crut qu'il devait choisir entre la mort et son devoir, il aima mieux vivre et se jeta dans le camp opposé à celui qu'il avait préféré dans les premières années de son épopée impériale, oubliant que le devoir bien rempli est fréquemment le meilleur bouclier contre des adversaires.

Pour masquer son évolution et céder, en partie du moins, aux réclamations de ses remords, il opéra lentement et hypocritement, il laissa se propager en France des idées qui mènent tôt ou tard au pire destin les hommes et les nations ; au dehors, il coopéra à l'écrasement de l'Autriche, à l'unité italienne qui enleva au Souverain Pontife le petit domaine que les siècles avaient respecté comme la garantie de l'indépendance du Pape et la condition indispensable d'une liberté auguste et nécessaire pour le monde catholique.

Le châtiment suivit de près ; l'unité allemande se forma à l'image de l'unité italienne et au bénéfice de la Prusse qui prépara, dès qu'elle se sentit assez forte, la guerre contre la France. Elle éclata en 1870 ; l'esprit d'erreur soufflait sur nos gouvernants et leur voilait deux vérités, la première que la Prusse était prête pour tenter le sort des armes, et la seconde que la France ne l'était pas. Les armées françaises furent vaincues, écrasées sous le nombre des ennemis et des fautes commises, malgré l'héroïsme d'une bravoure que l'ennemi se plut à proclamer plus d'une fois.

Dans une instruction, qui eut du retentissement, Mgr Régnier avait laissé entrevoir que DIEU pourrait réserver de grandes leçons à ceux qui les provoqueraient [1] ; cette parole qui souleva tant de colères se réalisa dans les honteuses capitulations de Sedan, préliminaires de la captivité, et la France fut envahie de toutes parts.

La ville de Valenciennes fut menacée d'investissement, Lille ne le fut pas moins,

---

1. 3 Décembre 1866, Instruction pastorale.

les ennemis se dirigeaient vers le Nord, dont la riche province aurait été une éponge à contributions de guerre, mais soudain leur marche fut arrêtée par des ordres inattendus et leurs opérations militaires, au lieu de viser Cambrai, Douai, Valenciennes, Lille comme on s'y attendait dans ces différentes places, opérèrent un mouvement opposé et convergèrent avec le concours d'autres armées vers la capitale, vers Paris. Il s'en suivit que les soldats malades ou blessés furent évacués en grand nombre sur la ville de Lille, les hôpitaux furent rapidement encombrés et la charité privée dut venir en aide à l'administration tout à fait débordée.

Les Sœurs de Notre-Dame de la Treille se multiplièrent ; elles organisèrent chez elles, à la Maison-Mère, une ambulance et un service de pansement pour les blessés. Le nombre de militaires qu'elles secoururent fut considérable et la reconnaissance se manifesta d'autant plus vive que tous leurs secours étaient donnés à titre gratuit et que cela permettait parfois à des soldats de faire compléter ou renouveler un pansement trop hâtif, qu'ils avaient reçu dans les hôpitaux. Les chirurgiens ne suffisaient pas et confiaient forcément à des aides peu expérimentés une partie de leur travail.

Quand la paix fut signée, un comité qui était muni d'une délégation gouvernementale, adressa ses remerciements d'une manière officielle aux Religieuses et décerna à la Supérieure générale (Notre-Dame des Anges [1]) une croix d'honneur et un diplôme dans lequel les signataires attestaient que bon nombre de militaires durent la conservation de la vie au dévouement intelligent des Sœurs de Notre-Dame de la Treille.

L'année 1871 qui vit la fin de la guerre, ne se termina pas sans l'établissement d'une œuvre nouvelle, celle des institutrices. Elle fut commencée le 22 avril et avait pour but d'assurer aux institutrices une prédica-

---

1. Notre-Dame des Anges succéda comme Supérieure générale en 1868 et resta dans cette charge jusqu'à sa mort (1879).

tion spéciale pour elles et appropriée à leurs devoirs et à leurs besoins. La tâche d'une institutrice est souvent difficile ; bien enseigner, c'est beaucoup ; mais bien former les jeunes esprits et les jeunes cœurs, c'est incomparablement plus ; l'avenir, même au point de vue terrestre, dépend davantage de la formation du caractère que de la science ; voilà pourquoi des conseils, distribués par une voix autorisée, étaient très-utiles ; c'était l'expérience se mettant à la disposition de la jeunesse pour l'utilité des maîtresses et de leurs élèves.

Comme ses devancières, cette œuvre dès qu'elle fut suffisamment formée pour voler de ses propres ailes, quitta son berceau ; les Dames du Cénacle s'en chargèrent en août 1879 ; elles avaient précédemment accepté l'œuvre des demoiselles de magasin, dont la date d'origine remonte au 2 mars 1874, et l'œuvre des servantes avait été transférée en 1860 chez les Filles de l'Enfant-Jésus.

Le dispensaire, créé pendant la guerre, survécut à la cause qui en avait inspiré l'idée, il rendit de grands services jusqu'au jour où des réclamations médicales et égoïstes lui valurent un arrêt de mort parce qu'il se livrait, disait-on, à de la médecine non diplômée et partant illégale.

Cependant, les infirmités de la Mère fondatrice s'aggravant, il fallut la relever, selon son désir, des fonctions qu'elle exerçait à Valenciennes ; elle fut donc rappelée à Lille et y arriva en août 1873. Elle fut, pendant les deux années qu'elle vécut encore, un modèle de piété, de patience, de résignation dans les souffrances ; deux choses composaient sa principale joie : être près de son Dieu, et voir les novices dont le nombre augmentait.

Le bon Dieu réservait à sa servante une grande consolation pour la dernière année qu'elle allait passer sur la terre ; par décès de Dame Pajot, une maison, enclavée dans la propriété de l'Institut, fut vendue à l'encan ; on craignit un moment qu'un maréchal-ferrant ne l'acquît pour y établir son bruyant atelier, mais l'événement tourna mieux que les prévisions humaines ne semblaient l'annoncer, et l'acquisition put être opérée par les Sœurs de Notre-Dame de la Treille dont la propriété était par là même complétée et régularisée.

Une autre chose réjouit aussi grandement le cœur de Mère Marie-Joseph.

La ville de Tourcoing avait un collège que le principal, M. l'abbé Leblanc [1], avait

1. M. l'abbé Leblanc, docteur ès-lettres, passa sa vie dans l'enseignement et la consacra entière à la jeunesse.

Quand l'administration lui fit savoir qu'un collège ne pouvait plus, sans être communal ou sans le devenir, rester universitaire ni recevoir les subsides de la ville, il déclara que son établissement serait désormais indépendant et il s'organisa en conséquence. La prospérité était très-grande quand un incendie détruisit une partie de l'immeuble.

Loin de se décourager, il rebâtit dans des conditions meilleures d'aménagement tout ce que le feu avait détruit ; sans doute l'intelligent Supérieur prévoyait le développement que la ville de Tourcoing prendrait et il voulait pourvoir aux nécessités futures.

Il reçut la récompense qu'il méritait ; le Souverain Pontife l'éleva à la prélature et Mgr Leblanc eut, dans ses dernières années, la consolation de revoir son collège aussi prospère qu'il avait été avant l'incendie ; il eut encore une autre consolation, celle de former un successeur et d'aplanir par là les difficultés qui accompagnent fréquemment le décès d'un Supérieur.

Il eut le bonheur de célébrer sa fête jubilaire : elle fut splendide, ses anciens élèves rivalisèrent avec les maîtres

rendu très-prospère. Cet établissement avait dans le pays une importance capitale pour conserver et propager la foi par l'éducation chrétienne ; les bâtiments étaient une propriété privée mais l'enseignement relevait de l'État ; les professeurs étaient univérsitaires et le personnel enseignant était composé en partie d'ecclésiastiques, en partie de laïques. Or, M. l'abbé Leblanc, pour imprimer un nouvel essor à la prospérité déjà grande du collège dont il était le principal, avait résolu de confier les soins matériels à des Religieuses et celles qu'il avait choisies, c'étaient les Sœurs de la Treille. Il les connaissait par le témoignage de quelques confrères, car elles desservaient déjà le collège de Bavai depuis 1854, celui de Valenciennes depuis 1869 (Notre-Dame), le Petit Séminaire de Cambrai depuis 1870.

---

et leurs étudiants pour témoigner leur reconnaissance, et les funérailles de Mgr Leblanc, qui suivirent de près la fête du jubilé, furent un nouvel hommage rendu, cette fois, par la ville entière, au prêtre distingué, au prélat qu'elle venait de perdre.

Cette marque de haute confiance et d'estime toucha profondément la Mère fondatrice : ce fut sa dernière grande consolation ; ses infirmités s'irritèrent rapidement et, dès le 29 octobre, l'enflure dont elle souffrait prit des proportions alarmantes.

CHAPITRE DOUZIÈME

Mort de Joséphine Wibaut, en religion Mère Marie-Joseph, fondatrice de la Congrégation des Sœurs de Notre-Dame de la Treille.— Ses funérailles. — Transfert de la dépouille mortelle dans un caveau. — Fondation à Esquelbecq. — M. Dennel, supérieur. — Fondations à Lomme et à Frethun. — Mort de la Supérieure Générale, Mère Notre-Dame des Anges.

LA Supérieure générale était absente quand le mal s'aggrava chez la Révérende Sœur ; l'Assistante crut de son devoir d'intervenir et fit prévenir la malade, avec toutes sortes de précautions, des inquiétudes qui avaient cours à son sujet ; elle comprit ce qui lui était suggéré à demi-mots et sollicita la visite d'un confesseur. On lui demanda qui elle préférait ; son choix se porta sur le Père Vitse ; pourquoi le Père Vitse ? L'intelligence de ce Père, comme il a été dit plus haut, déclinait depuis longtemps, et il avait été cause en grande par-

tie qu'elle n'avait pas conservé son ministère de Supérieure générale. Sœur Marie-
Joseph, en appelant le Père Vitse, obéis-
sait-elle aux souvenirs reconnaissants de sa
jeunesse ou plutôt ne voulut-elle pas, avant
de mourir, laisser l'héroïque exemple que
son cœur ne nourrissait aucun ressentiment?
Dieu seul le sait.

Sœur Maria, qui la soignait et qui lui
était restée fidèle dans toutes les peines et
dans toutes les épreuves, ne put s'empêcher
de verser des larmes.

« Ne pleurez pas, lui dit la Mère fonda-
» trice, depuis l'âge de quinze ans, je me
» suis toujours confessée comme si je devais
» mourir immédiatement après; je suis heu-
» reuse, j'accepte la mort avec bonheur, ne
» soyez pas triste, mon enfant, car il me
» tarde de me réunir au bon Jésus. Oh !
» comme je le prierai pour la communauté
» et pour vous ! Je suis contente d'avoir été
» complètement déchargée de toute respon-
» sabilité, car on s'oublie et on se néglige
» soi-même à force de s'occuper des autres. »

Ces paroles étaient à peine finies, qu'on annonça le Père Vitse, et, la confession terminée, M. Duriez, Doyen de la paroisse Sainte-Catherine, arriva pour donner la sainte Communion et le Sacrement de l'Extrême-Onction.

Dès que Sœur Marie-Joseph entendit le son de la clochette, elle fit un effort comme si elle avait voulu se mettre à genoux, mais la faiblesse du corps l'emporta sur l'énergie de la volonté, et elle dut se borner à s'incliner profondément ; elle attendit dans cette attitude, les mains pieusement jointes, la visite de son Dieu.

« Faites-vous le sacrifice de votre vie, » lui dit M. le Doyen, et acceptez-vous la » santé s'il plaît à Dieu de vous la rendre ? »

« Je suis entre ses mains, répondit-elle, » qu'il fasse de moi comme il voudra. »

Alors, pendant que M. le Doyen tenait la sainte Hostie élevée au-dessus du Ciboire et qu'il se disposait à la déposer sur les lèvres de la malade, elle parut comme reprendre ses forces et d'une voix forte, elle

demanda à ses Sœurs pardon si quelque
chose dans ses paroles ou dans sa conduite
avait pu mal édifier; elle demanda aussi
que les consœurs, là présentes, voulussent
bien se porter comme interprètes de ses
sentiments près de la Révérende Mère
Supérieure générale et des autres Sœurs
absentes, puis elle communia avec une
admirable dévotion, et reçut le Sacrement
de l'Extrême-Onction avec un calme qui
ne se démentit pas un instant, et qui se pro-
longea pendant son action de grâces.

Le lendemain, la Supérieure générale
arriva; l'entrevue fut touchante.

« N'avez-vous pas été impressionnée
» hier? lui dit la Supérieure générale. »

« Non, répliqua la malade, il faut tou-
» jours être prête à paraître devant Dieu,
» surtout quand on porte comme moi un
» mal qui entraîne facilement la mort
» subite. »

A la Sœur qu'elle aimait d'une affection
d'estime, elle ajouta : « Ne pleurez pas,
» mon enfant, je suis heureuse de partir

» pour le Ciel, c'est mon exil qui finit. »

Cependant le mal qui la minait, n'opéra pas aussi rapidement qu'on pouvait le craindre tout d'abord; elle souffrit pendant treize jours sans jamais laisser paraître aucun signe d'impatience.

Mgr l'Archevêque avait délégué M. le vicaire-général Bernard à l'effet de le représenter près de Sœur Marie-Joseph et de lui exprimer toutes sortes de sympathies ; M. Lasne, Doyen de la paroisse Saint-Géry à Valenciennes (qui est maintenant Mgr Lasne, Doyen de la paroisse Saint-Maurice à Lille), estimait grandement la Mère fondatrice dont il avait été le directeur, il vint la voir ; d'autres notabilités se succédèrent et chacune de ces visites ajoutait à l'impression générale d'édification.

Survint la Maîtresse des Novices avec sa jeune famille. La malade, à cette vue, se souleva quelque peu : « Mes enfants, dit-elle, aimez-vous les unes les autres, c'est le commandement du Maître ; soyez charitables, la charité couvre tout ; pratiquez l'humilité, l'obéissance, aimez la vie commune, observez bien la règle, en un mot, soyez de bonnes Religieuses et, à la mort, vous serez contentes de vous réunir à votre céleste Époux ; » puis elle bénit toutes ses filles qui se retirèrent émues jusqu'aux larmes.

Ces adieux furent suivis à bref délai du dénouement attendu et le mercredi 10 novembre 1875, à six heures du matin, la fondatrice de l'Institut des Sœurs de la Treille rendit avec sa belle âme son dernier soupir, et s'endormit dans le Seigneur, à l'âge de soixante - sept ans, ayant trente années, quatre mois et huit jours de profession religieuse.

Après sa mort, son visage paraissait respirer un calme parfait, ses traits étaient frappés d'une douce beauté, ses membres restèrent souples depuis le mercredi jusqu'au vendredi suivant, c'est-à-dire jusqu'au moment où elle fut mise dans le cercueil.

Le service funèbre eut lieu à l'église Sainte-Catherine ; c'était là qu'elle avait chanté autrefois en l'honneur de son Dieu et de la Vierge Immaculée ; c'était là qu'elle avait commencé la communauté trente et un ans environ auparavant.

L'assistance fut considérable ; tous les rangs étaient confondus ; le riche et le pauvre, unis dans un même sentiment de reconnaissance, voulaient témoigner leurs sympathies.

La dépouille mortelle fut conduite au cimetière de l'Est et déposée en terre dans une sépulture provisoire.

Dix mois plus tard, on acheta une concession à perpétuité, et, sur ce nouveau terrain, on construisit un caveau. Quand tout fut prêt, on procéda à l'exhumation après avoir obtenu les autorisations nécessaires.

Les Religieuses de Notre-Dame de la Treille se firent un devoir d'assister à l'opération, mais elles arrivèrent un peu tardivement lorsque déjà les fossoyeurs avaient imprimé une secousse au cercueil et l'avaient incliné vers la tête du cadavre.

Les archives de l'Institut et les Sœurs survivantes qui furent témoins du transfert, sont unanimes à attester que l'étonnement des fossoyeurs fut grand lorsque, voyant le cercueil un peu endommagé, ils constatèrent qu'aucune odeur ne s'en exhalait. « Jamais, dirent-ils, nous n'avons vu cela ; ordinairement l'odeur est suffocante, même après quelques jours seulement de séjour en terre. »

Les Religieuses voulurent ouvrir le cercueil, les agents de police s'y opposèrent ; Sœur Colette, sans tenir compte de la défense, glissa entre les planches une croix qu'elle tenait à la main ; et comme elle était douée d'une force peu commune, elle souleva un coin du couvercle, mais elle ne put apercevoir que les mains, la robe et le voile de la chère fondatrice, tout cela était intact ; on aperçut aussi un côté de la figure, lequel était légèrement gonflé ; les Religieuses attribuèrent ce gonflement à la secousse dont il a été fait mention.

Ce n'est pas avec la vie que finit l'histoire d'une fondatrice, son esprit survit et travaille dans sa famille spirituelle, et, dès l'année suivante, le 14 janvier 1876, une fondation nouvelle s'ajouta à une liste déjà longue ; cette fois, c'est en pleine Flandre, dans la commune d'Esquelbecq, que le zèle s'exercera.

La commune d'Esquelbecq est située presque à mi-chemin entre Cassel et Wormhoudt, deux localités bien connues ; la première, parce qu'elle fut un *castellum* ou château-fort de César et que, située sur une colline, elle vit le long de sa côte s'engager trois batailles rangées où commandaient trois Philippe de France [1]; la seconde, parce qu'elle fut honorée du séjour de saint Winoc qui y fonda un monastère.

Esquelbecq n'est pas sans histoire; son territoire [2] est traversé par l'Yser et c'est sur

---

1. En 1070, Philippe Ier y fut battu ; en 1328, Philippe de Valois victorieux saccagea Cassel ; et en 1677, Philippe d'Orléans y battit le prince d'Orange.

2. L'Yser qui prend sa source à Buyscheure, passe à Bollezeele, à Zegers-Cappel, Esquelbecq, Wormhoudt, Bambecque et se jette dans la mer à Nieuport. Le nom latin de cette rivière est *Isara*. Cette même désignation latine s'appliquait chez les anciens à trois rivières : l'Yser, l'Oise, l'Isère.

les bords de cette rivière que se livra en
1793 la bataille dite d'Honschoote, du nom
de la localité où elle se termina.

Le château d'Esquelbecq, avec son don-
jon et ses fossés qui rappellent les fortifications féodales, porte encore les traces de la
lutte qui commença autour de son enceinte.

Cette commune importante d'Esquelbecq n'avait pas encore d'hospice en 1875 ;
les vieillards malheureux recevaient de la
charité publique ou privée quelques secours
en nature ou en argent ; mais le long des
rues, surtout quand ils n'avaient pas d'abri
fixe, les indigents étaient exposés à s'inocu-
ler bien des vices.

Un homme distingué, M. Bergerot, châ-
telain et maire de la commune, résolut de
remédier à cette grande misère et d'organiser un hospice. Les ressources manquaient,
il y suppléa par son admirable générosité ;
sa famille ajouta ses largesses, la charité
publique intervint également, et l'hospice
fut inauguré le 25 avril par les Religieuses
de Notre-Dame de la Treille dont la pre-

mière Supérieure, qui fut Sœur Séraphin, resta pendant vingt-cinq ans à Esquelbecq et y célébra au bout de ce temps, le même jour, le jubilé de l'hospice et le sien propre.

L'année 1876 se signale encore pâr une acquisition qui permit plus tard de prolonger la façade et de recevoir des dames pensionnaires de condition aisée.

Enfin, en novembre de la même année, M. Dennel [1], Doyen de la paroisse de Saint-André, devint le Supérieur en titre, après l'avoir été en fait, des Sœurs de Notre-Dame de la Treille, en remplacement de M. le vicaire-général Bernard, démissionnaire pour raisons de santé. L'Archevêché l'avait délégué pour qu'on pût traiter avec lui de toutes difficultés ou affaires qui sur-

[1]. Mgr Dennel (Désiré-Joseph), naquit à Mons-en-Pévèle, le 7 mars 1822 ; il fut ordonné prêtre en 1845 ; licencié ès-lettres, il enseigna avec distinction, fut Supérieur de l'Institution Saint-Joseph à Lille de 1851 à 1872 ; il fut nommé en 1872 curé-doyen de la paroisse Saint-André à Lille ; sacré évêque de Beauvais le 1er mai 1880, il fut transféré à Arras le 13 novembre 1884 et mourut le 28 octobre 1891, laissant une mémoire bénie, partout où il passa.

viennent dans une Congrégation à Supérieure générale.

Le long de la route de Lille à Armentières, s'étend la commune de Lomme, sur un territoire très vaste, avec une population dont le chiffre s'élève chaque jour, car elle est suburbaine à Lille et doit à cette ville une partie de sa prospérité. Un hospice y était devenu nécessaire, même indispensable ; mais créer un hospice, le doter du matériel qui convient, lui assurer des ressources annuelles, c'est une grosse dépense ; les finances communales n'auraient pu subvenir à tous ces frais que par des contributions supplémentaires, sous forme de centimes additionnels qui auraient pesé d'un poids très-lourd sur les habitants.

Mme Loyer, mère de l'héroïque député qui mourut victime du devoir et martyr du dévouement, résolut la difficulté ; elle construisit un hospice à ses frais, le meubla en grande partie, puis l'abandonna gratuitement à la commune qu'elle aide bien souvent encore de ses deniers. Les Sœurs de

Notre-Dame de la Treille desservent cet hospice depuis 1877.

Avoir occupé une haute situation d'honneur ; puis, par suite de la mort d'un époux, se trouver dans un état de gêne, voilà sûrement une position très-pénible ; elle menace parfois les veuves d'officiers supérieurs sans fortune ou au moins sans fortune suffisante.

Mme Becquet de Cocove le comprit, et un asile pour les veuves d'officiers fut organisé à Frethun [1] ; cet établissement les reçoit à titre absolument gratuit.

Situé en pleine campagne, il est entouré de vastes jardins très-bien cultivés et d'agréables bosquets ; il fonctionne sous l'autorité d'une commission administrative et, depuis le 1er octobre 1879, sous la direction des Sœurs de Notre-Dame de la Treille.

Ce fut en 1879 que mourut la Supérieure générale Notre-Dame des Anges ; elle eut

---

1. Frethun est situé sur la ligne du chemin de fer qui relie Calais à Boulogne.

de grandes qualités d'amabilité, du savoir, de la bonté à l'excès au point qu'elle compromettait parfois la discipline et les finances ; elle eut aussi le tort, très-grave à nos yeux, d'abréger souvent le temps du noviciat sous prétexte de favoriser les œuvres [1].

---

[1]. Mgr Giraud se rendit à Rome en 1847 au mois d'août pour y recevoir le chapeau de Cardinal ; il présenta, à l'occasion de son voyage, une supplique à l'effet d'obtenir que le Saint Père fît don d'un corps de Saint de nom propre en vue de favoriser la reconstruction de l'église Saint-Pierre à Lille. Pie IX accueillit favorablement cette demande et fit remettre le corps de sainte Plinia. Comme l'autel à la base duquel le sarcophage devait être placé dans la basilique en construction, était loin d'être prêt, on déposa le corps de sainte Plinia chez les Religieuses de Notre-Dame de la Treille ; il y resta plusieurs années sous l'administration de Notre-Dame des Anges et des Supérieures qui lui succédèrent ; il repose maintenant sous le magnifique autel de Saint-Jean à la basilique de Notre-Dame de la Treille, et c'èst Mgr Baunard, recteur des facultés catholiques de Lille, qui a été délégué pour vérifier avec le concours de plusieurs notabilités l'intégrité des sceaux.

CHAPITRE TREIZIÈME

Fin tragique du Père Vitse. — École à Ciergnon. — Œuvre des bateliers. — Patronages de Wazemmes, de Corbehem, de Thumeries. — Mort de Mère Marie-Bernard. — Mgr Duquesnay : sa confiance aux Sœurs de Notre-Dame de la Treille.

LES élections amenèrent au pouvoir et à la fonction de Supérieure générale Sœur Marie-Bernard jusqu'en 1886.

Ce fut vers ce temps que le Père Vitse mourut d'une manière tragique.

Les Jésuites avaient dû se disperser par l'application de ce que l'on appelle communément les décrets.

Ils ne pouvaient rester plus de trois dans la même maison.

Le Père Vitse se retira chez un prêtre de ses amis et, à peu près tous les jours, il venait célébrer la sainte Messe dans la chapelle de la Congrégation de Notre-Dame de la Treille ; il arrivait de bonne heure, vers cinq heures habituellement, car, malgré ses quatre-vingts ans, il avait conservé ses habitudes de grande bonté pour les autres, de grande sévérité pour lui-même et il se levait avant quatre heures.

Or, une nuit qu'il y avait un splendide clair de lune, il commit une erreur, et tout en croyant qu'il était déjà en retard, il se mit en route plus tôt que d'habitude. En chemin, il s'aperçut qu'il s'était trompé, et, pour tuer le temps, il ralentit le pas de peur d'être à la porte du couvent avant l'heure réglementaire.

Absorbé dans sa prière, il suivait les abords de la rue de l'Esplanade, lorsqu'il fut rencontré par une bande de mauvais sujets qui, sans doute, venaient de sortir d'un débit de boissons où ils avaient passé la nuit.

Ces jeunes gens se mirent à insulter ce vieillard ; ce ne fut pas assez à leurs yeux, et des insultes que l'ivresse avait suggérées dans un jargon propre aux personnes de bas étage, ils passèrent aux coups ; l'exemple entraîna, et on poursuivit le Père Vitse qui s'était engagé dans la rue d'Angleterre. Il sonna au couvent et à peine la porte était-elle ouverte, qu'il tomba à l'intérieur ; la concierge en fut effrayée, l'émotion étreignait le Père, le sang s'échappait par maintes blessures. Des soins lui furent immédiatement prodigués, il put, dans le cours de la journée, se rendre à la résidence des Pères Jésuites, plus rapprochée que la maison où il logeait ; mais quelques heures après son retour, soit faiblesse, soit émotion, il fit une chute qui détermina un mal dont il ne se releva pas. Il avait trop présumé de ses forces et il s'était aventuré à marcher, étant seul ; il avait congédié celui qui le soignait, sous prétexte qu'il se sentait mieux.

La mort l'enleva le 18 octobre 1881.

Une notice biographique, publiée après sa mort, énumère toutes les œuvres, du reste très-nombreuses, auxquelles il prit part pour venir en aide à toutes les misères physiques et morales.

« La vénération, (dit cette notice publiée par l'Imprimerie Saint-Augustin, chez

Desclée de Brouwer et Cie), qui entoure les saintes Filles de Notre-Dame de la Treille prouve avec quelle abondance, toutes sortes de délicatesses ont passé du cœur de leur père dans celui de ses enfants. »

Le Père Vitse, de concert avec M. Bernard, conçut le gigantesque projet de rebâtir l'ancien sanctuaire. L'ardeur qu'il a déployée pour faire de la procession de 1854 une des plus imposantes manifestations d'amour que Lille ait jamais contemplées, la prodigalité avec laquelle il a tout dépensé et s'est dépensé lui-même en vue de la basilique, lui donnent droit à la reconnaissance des catholiques lillois, et la Congrégation, dont il fut, après Dieu, le créateur, lui gardera un impérissable souvenir.

Un peu avant la mort du Père Vitse, en 1880, l'administration de Mère Marie-Bernard avait ouvert en Belgique, à Ciergnon, une école qui prit rapidement de l'extension et qui conserve encore maintenant (1902) toute sa prospérité ; elle avait, de plus, accepté le transfert dans sa chapelle de l'œuvre de la préparation des petits bateliers à la première Communion. Ils sont bien intéressants, ces pauvres enfants, presque toujours pleins de bonne volonté, honnête- ment. et rudement élevés mais profondé- ment ignorants. Les déplacements succes- sifs et presque continuels leur rendent impossible qu'ils profitent quelque part d'un cours suivi d'études ; les connaissances religieuses et profanes laissent également à désirer ; si un enseignement spécial pour eux, condensant dans un petit nombre de leçons les vérités les plus essentielles, ne leur est donné en temps opportun pendant quelque arrêt un peu notable du bateau, ils sont exposés à grandir, puis à croupir dans l'indigence la plus complète d'instruction religieuse.

Aussi il faut les voir quand ils rencon- trent une bonne volonté qui se met à leur disposition pendant la vacance de leur tra- vail et des voyages.

Conscients de leur pauvreté spirituelle, ils sont attentifs, souples, appliqués ; ils ne reculent devant aucune fatigue, devant aucune intempérie ; l'heure, choisie pour les leçons, leur convient d'avant-part ; ils s'arrangeront avec les membres de leur famille, s'il y a quelque obstacle présumé, et ils emploient des journées entières, quand la catéchiste en a le loisir, pour arrondir le modeste bagage de connaissances qu'ils désirent acquérir. Ces enfants sentent d'instinct qu'ils vivent parmi les déshérités, que l'occasion est propice, et ils ne marchandent ni leur temps, ni leurs peines pour en bénéficier.

Puisque l'on commençait à s'occuper des enfants, la jeunesse, tout naturellement, devait suivre dans les préoccupations de Mère Marie-Bernard.

L'immense agglomération de Wazemmes qui atteignait, disait-on, le chiffre de cinquante mille âmes, avait besoin d'un lieu de réunion pour les jeunes filles.

Pauvres presque toutes, employées dans

les usines et fabriques, en contact journalier avec le vice qui hante beaucoup de ces établissements, les meilleures parmi elles subissaient sans protection l'influence délétère du milieu et finissaient par tomber, entraînées par l'exemple, fatiguées d'une lutte de tous les jours contre les séductions de toute sorte.

Réunir ces jeunes filles, les encourager, leur apprendre qu'elles ont des compagnes décidées, comme elles, à bien faire ; leur laisser sentir qu'elles ne sont pas seules à pratiquer la vertu ; leur adresser une bonne parole ; l'enrichir, cette bonne parole, d'un secours matériel à titre de récompense ; veiller sur la fidélité aux devoirs religieux, tout cela se pratique dans un patronage bien organisé en même temps qu'on écarte, le dimanche surtout, sous l'appât de distractions honnêtes, les dangers de la rue et les divertissements dangereux.

C'est cette pensée qui inspira et guida d'insignes bienfaiteurs et bienfaitrices, Melle Octavie Decoster pour Wazemmes, M. et

SA GRANDEUR MGR MONNIER

ÉVÊQUE DE LYDDA

Mme Dupond à Corbehem (P.-de-C.), M.
et Mme Huot, à Thumeries, avec cette dif-
férence que, dans ces deux dernières localités, on a adjoint des ouvroirs qui permet-
tent aux jeunes filles de se former à quelque
métier, lorsqu'elles ne vont pas travailler
en fabrique.

Les Sœurs de Notre-Dame de la Treille
dirigent ces trois Maisons, à Wazemmes
depuis 1883, à Corbehem (P.-de-C.) depuis
1884 et à Thumeries depuis 1893 [1].

Cette dernière fondation s'ouvrit sous
l'autorité de Sœur Aloysia qui reçut,
comme Supérieure générale, la succession de Mère Marie-Bernard que la
mort enleva en 1886 et qui laissa une
mémoire bénie.

Pendant que ces choses que nous venons
de raconter et que les événements auxquels
nous avons fait allusion avaient eu lieu,

---

1. Les Religieuses, à Wazemmes, à Thumeries et à
Corbehem, visitent à domicile les malades et les pauvres,
principalement ceux qui se rattachent à leurs œuvres par
les jeunes filles qui leur sont confiées et qui, à Wazemmes,
atteignent et dépassent le chiffre de quatre cents.

Mgr Régnier, Archevêque de Cambrai, était mort.

Le Souverain Pontife Pie IX avait reconnu le mérite de ce prélat éminent en lui accordant la pourpre cardinalice.

Son diocèse lui devait grande reconnaissance ; sans doute, il n'avait pas eu de ces qualités éclatantes qui avaient fait comparer son prédécesseur, Mgr Giraud, à l'illustre Fénelon, mais il avait eu le talent d'un vrai penseur et l'art d'un écrivain qui, sans éclat, sut plaire par sa correction, par son élégance dans une certaine sobriété. Son administration surtout fut très-remarquée ; très-ferme, très-juste, guidé par une intelligence des plus pratiques, il laissa à son diocèse une empreinte qui lui a survécu, et il lui légua aussi un autre lui-même dans la personne de Mgr de Lydda, son ami et le confident de toute sa pensée. La Providence du reste avait ses desseins en rapprochant ces deux prélats ; Mgr de Lydda était destiné notamment à amortir l'épreuve des quatre périodes intérimaires très-longues que des décès, se succédant à bref délai, allaient infliger à l'Église de Cambrai.

Mgr Duquesnay, ancien professeur à la Sorbonne, ancien curé de la paroisse Saint-Laurent à Paris, passa de l'évêché de Limoges à l'archevêché de Cambrai.

Hélas ! on s'aperçut bientôt que de terribles bronchites avaient opéré en lui des ravages inquiétants et que la parole en public, naturellement ardente chez lui et enflammée, souvent prodiguée, alimentait le mal précurseur d'une catastrophe.

En Mgr Duquesnay, l'orateur nuisait à la santé de l'Archevêque et quand il fut réduit à le comprendre, il était trop tard.

Néanmoins il avait eu le temps d'apprécier les Sœurs de Notre-Dame de la Treille ; son passage à Cambrai ne dura que depuis le 13 mai 1881 jusqu'au 15 septembre 1884, et, de ce court espace de temps, il choisit deux années et demie, les deux dernières, pour accorder aux Religieuses de Notre-Dame de la Treille le sympathique témoignage de sa confiance : il les appela à l'Archevêché et leur y confia la direction des intérêts matériels.

Ce fut la Sœur Aloysia, peu après Supérieure générale, que Mgr Duquesnay investit de ces délicates fonctions et ce fut elle qui, aidée de l'une de ses consœurs, le soigna dans sa dernière maladie.

CHAPITRE QUATORZIÈME

Mère Aloysia, Supérieure Générale. — Hospice à Bois-Grenier. — Construction de la Maison-Mère. — Situation générale.

NOTRE récit, il semble, doit s'arrêter au chapitre précédent ; nous nous exposerions à parler des vivants.

Qu'il soit cependant permis de signaler une seconde création d'œuvre sous l'administration de Sœur Aloysia [1].

La comtesse de Grandville légua à la commune de Bois-Grenier son château, qui finit par être transformé en un Hospice, et elle acquit ainsi un droit nouveau à la reconnaissance d'une commune qui avait bénéficié de ses largesses en maintes circonstances.

Cet Hospice fut confié aux Sœurs de Notre-Dame de la Treille.

Avant de finir notre récit, un détail s'impose encore. Sept maisons différentes, mais

---

1. Une première œuvre a été signalée au chapitre précédent.

SA GRANDEUR MGR SONNOIS

La Congrégation des Sœurs de Notre-Dame de la Treille relève directement de l'autorité
des Archevêques de Cambrai.

contiguës, formaient la propriété de la Congrégation des Sœurs de Notre-Dame de la Treille; elles étaient irrégulières, caduques, et le service par suite y était pénible autant que difficile.

La Supérieure Générale Aloysia songea à réformer cet état de choses, et, convaincue qu'une bonne distribution dans le plan des bâtiments d'un couvent contribue à la régularité et à l'ordre, elle résolut d'abattre toutes ces maisons et d'entreprendre, sur le même emplacement, une construction grandiose, mais devenue presque indispensable.

Les fonds manquaient, il en fallait beaucoup ; elle s'adressa, avec l'autorisation du gouvernement, au Crédit foncier, qui accepta de faire les avances nécessaires et de répartir l'amortissement sur trente ans.

A chaque jour suffit sa peine, dit le proverbe ; il parut plus facile d'économiser chaque année de quoi payer un loyer d'argent qui, additionné d'une surtaxe, finirait par supprimer à la longue la dette principale, que de recourir à des emprunts dont on ne paye que les intérêts et dont la dette reste.

La construction affecte les quatre côtés d'un vaste rectangle et enserre un jardin ou cour d'honneur. Par derrière, s'étendent deux beaux jardins, un pour les professes, un pour le noviciat et sur le flanc, à droite, quand on a de face l'entrée principale, s'ajoute une cour pour le service avec dépendances.

La chapelle qui forme un des quatre côtés du rectangle, est de style ogival, aux lignes bien réussies et géométriquement exactes. Mgr Dehaisne, dont le nom fait autorité quand il s'agit des arts, a bien voulu tracer le plan des peintures murales ; l'autel produit le meilleur effet et semble continué par une niche gigantesque très-bien ornée où resplendit une magnifique statue de Notre-Dame de la Treille.

Ce qui frappe le plus, c'est l'harmonie de l'ensemble dans un décor qui unit la simplicité et l'unité et qui exclut les tons de mauvais goût.

La Congrégation compte dix-sept Éta-

M. LE CHANOINE CARLIER

VICAIRE-GÉNÉRAL

Par délégation, Supérieur des Sœurs
de Notre-Dame de la Treille, année 1903.

blissements se répartissant comme il suit :

1. La Maison-Mère, rue d'Angleterre, 25, Lille (service des malades à domicile ; dames pensionnaires).

2. Maison de Valenciennes, rue de Paris, (service des malades à domicile ; dames pensionnaires), inaugurée le 31 mai 1852.

3. Institution de l'Assomption, à Bavay.

4. Institution de Notre-Dame, à Valenciennes.

5. Petit Séminaire, à Cambrai.

6. Institution du Sacré-Cœur, à Tourcoing.

7. Institution Saint-Joseph, à Lille.

8. Maison Saint-Charles, à Cambrai.

9. Hospice de Bavay.

10. Hospice d'Esquelbecq.

11. Hospice de Lomme.

12. Hospice de Bois-Grenier.

13. Asile Becquet de Cocove, fondé à Frethun pour les veuves d'officiers sans fortune.

14. Patronage du Sacré-Cœur, à Wazemmes.

15. Ouvroir et Patronage pour jeunes

filles, et visite des pauvres à domicile, Corbehem (Pas-de-Calais).

16. Ouvroir et Patronage pour jeunes filles, visite des pauvres à domicile, Thumeries.

17. École libre à Ciergnon (Belgique).

Sous le gouvernement de Mère Aloysia, la règle fut revue et de nouveau approuvée par l'autorité diocésaine, et les Religieuses ont repris le costume primitif.

Puisse DIEU, dans sa bonté, bénir de plus en plus cette efflorescence d'œuvres, fruit de la mission, par lui confiée à Joséphine Wibaut, en religion Mère Marie-Joseph !

CHAPELLE DES SŒURS DE N.-D. DE LA TREILLE

TABLE DES MATIÈRES

CHAPITRE PREMIER.

Naissance de Mlle Joséphine Wibaut. — Sa famille.
— Son enfance. — Première Communion. —
Années d'apprentissage. — Chœur de chant à
l'église Sainte-Catherine. — Mort de M. Wibaut.
— Mlle Joséphine Wibaut chez Mlle Legrand. —
Œuvre des Savoyards. — Vocation religieuse. . . . 7

CHAPITRE DEUXIÈME.

Mlle Wibaut et une des premières communautés
religieuses à Lille. — M. l'abbé Bernard à Lille.
— Arrivée du Père Vitse à Lille. — Première
entrevue. — Mlle Pauline Legrand modifie ses
plans. 21

CHAPITRE TROISIÈME.

Mlle Wibaut restée seule prend avec elle une jeune
apprentie. — Règlement d'attente. — Commencements inattendus d'une communauté. — Sœur
Maria. 35

CHAPITRE QUATRIÈME.

M. Bernard, vicaire-général. — M. Arnould, doyen
de la paroisse Sainte-Catherine. — La règle des

Sœurs de Notre-Dame de la Treille devient définitive. — Le soin des malades est adopté. — Intervention de Son Éminence le cardinal Giraud. — Épreuves et œuvres diverses. — Coïncidence étrange. — Approbation de l'Institut 50

CHAPITRE CINQUIÈME.

Le 28 juin 1849. — Sœur Saint-Eubert. — Le choléra à Lille. 64

CHAPITRE SIXIÈME.

Relique des cheveux de la Ste Vierge. — Coup d'œil jeté sur l'historique et l'authenticité de cette relique. — Mort du cardinal Giraud. — Monseigneur Régnier : Ses sentiments à l'égard des Sœurs de Notre-Dame de la Treille. — Origine de l'Adoration perpétuelle. 73

CHAPITRE SEPTIÈME.

Un voyage à Rome. — Les cadeaux de Pie IX. — Un changement de résidence. — Nouvelles épreuves. — Quelques pensées de la Mère Fondatrice. — Fondation de l'Établissement de Valenciennes. 94

CHAPITRE HUITIÈME.

Œuvre des servantes. — Œuvre des mères de famille. — Œuvre des mères chrétiennes après le vote de la loi de 1850. — Le Père Vitse à Amiens. — Fête séculaire de Notre-Dame de la Treille à Lille. 104

CHAPITRE NEUVIÈME.

2 Juillet 1854. — Sœur Ste-Ignace. — Le Père Vitse à Lille. — Œuvre des collèges. — Œuvre pour étrangers, M. l'abbé Bécuwe. — Enseignement primaire. — Acquisition d'un immeuble. 116

CHAPITRE DIXIÈME.

Autorisation officielle de la Congrégation. — Démission de la Supérieure Générale. — La Fondatrice à Valenciennes. 127

CHAPITRE ONZIÈME.

Supériorat de Mère Notre-Dame des Anges. — La guerre de 1870-71 ; les Sœurs organisent une ambulance. — Œuvre des institutrices et des demoiselles de magasin. — Une propriété régularisée. — Les Religieuses au collège de Tourcoing. 140

CHAPITRE DOUZIÈME.

Mort de Joséphine Wibaut, en religion Mère Marie-Joseph, fondatrice de la Congrégation des Sœurs de Notre-Dame de la Treille. — Ses funérailles.

— Transfert de la dépouille mortelle dans un caveau. — Fondation à Esquelbecq. — M. Dennel, supérieur. — Fondations à Lomme et à Frethun. — Mort de la Supérieure Générale, Mère Notre-Dame des Anges. 150

CHAPITRE TREIZIÈME.

Fin tragique du Père Vitse. — École à Ciergnon. — Œuvre des bateliers. — Patronages de Wazemmes, de Corbehem, de Thumeries. — Mort de Mère Marie-Bernard. — Mgr Duquesnay: sa confiance aux Sœurs de Notre-Dame de la Treille. . 164

CHAPITRE QUATORZIÈME.

Mère Aloysia, Supérieure générale. — Hospice à Bois-Grenier. — Construction de la maison-mère. — Situation générale 176

IMPRIMÉ PAR DESCLÉE, DE BROUWER ET Cⁱᵉ
41, RUE DU METZ, LILLE. — 15.354.